KB196569

THE HISTORY 세계사 인물 8

레오나르도 다 빈치

THE HISTORY 세계사 인물 8

레오나르도 다 빈치

펴낸날 2025년 2월 20일 1판 1쇄

펴낸이 강진균

글 이현숙

그림 오희정

편집·디자인 편집부

마케팅 영업부

제작 강현배

펴낸곳 삼성당

주소 서울시 강남구 선릉로 747 삼성당빌딩 9층

대표 전화 (02)3443-2681 **팩스** (02)3443-2683

출판등록 1968년 10월 1일 제2-187호

ISBN 978-89-14-02187-8 (73990)

본 저작물은 저작권법에 따라 보호를 받는 책이므로 무단 전재와 무단 복제를 금합니다.

※ 파본은 바꾸어 드립니다.

THE HISTORY 세계사 인물 8

레오나르도 다 빈치

차례

사생아로 태어난 아이

1452년 4월, 이탈리아의 피렌체에서 서쪽으로 약 32킬로
미터 떨어진 빈치라는 작은 마을에 사는 젊은 공증인 세르
피에로 다 빈치는 아까부터 아버지 앞에서 고개를 들지 못
하고 있었다.

"이놈아! 세상의 많은 여자 중에 하필이면 여종과 눈이
맞아 사생아를 낳아!"

피에로는 아버지의 꾸지람을 들으며 한숨만 내쉬고 있
었다.

"그래, 산모한테는 가 보았느냐?"

"아직 가 보지 못했습니다."

"글쎄, 어쩌다가 그런 아이를 사랑하게 되었나 그래?"

아버지는 혀를 끌끌 찼다. 그러나 피에로는 태연한 얼굴이었다. 그 당시 사회 정서적으로 보아 이런 일은 그리 창피스러워할 것도 아니었다. 심지어는 애를 낳아서 버리는 경우도 드물지 않았기 때문이다.

피에로는 아버지의 방에서 나온 뒤, 발길을 안키아노 마을로 향했다. 안키아노 마을은 빈치 마을 이웃에 있었다.

어둠 속에서 카테리나의 수줍게 미소 짓는 귀여운 얼굴이 떠올랐다. 그리고 애를 낳기 위해 땀을 뻘뻘 흘리며 고통스러워하는 모습도 떠올랐다.

피에로의 집안은 전통적인 지주로 빈치 마을에서 대를 이어 살아왔다.

피에로의 아버지는 넓은 농토와 하인을 부리고 있었기에 무엇 하나 부족함이 없었지만, 이 집안의 유일한 걱정거리라면 큰아들 피에로의 나쁜 행실이었다.

피에로는 법률을 공부하여 공증인이라는 직업을 가지고

레오나르도가 화가의 재능을 키웠던 이탈리아의 유명한 도시 피렌체

있었지만, 돈을 물 쓰듯 하고 다녔으며 많은 여자와 사귀었다.

카테리나는 사실 피에로 집안의 미천한 여종이었다.

피에로는 안키아노 마을로 들어서려다가 갑자기 마음을 바꿔 오던 길로 발길을 되돌렸다.

'찾아가 보았자 무슨 소용이 있겠는가. 차라리 없었던 일로 하고 잊어버리자.'

피에로는 그 길로 집을 나와 멀리 피렌체로 떠나 버렸다.

안키아노 마을에 있는 카테리나는 그런 사실도 모른 채 외롭게 사내아이를 낳아 키웠다.

이 사내아이가 바로 레오나르도 다 빈치다. 레오나르도 다 빈치는 이렇게 아버지의 얼굴도 모른 채 자랐으며, 다 빈치 가문의 호적에도 오르지 못했다.

레오나르도 다 빈치는 법률적으로는 아버지도 없는 사생아로 이 세상에 태어난 것이다.

가난한 농부의 딸인 카테리나는 갓난아이를 볼 때마다 슬픔의 눈물을 흘렸다.

사생아를 낳은 까닭에 이제 다 빈치 가문의 종노릇도 할 수 없게 되었다. 그래서 앞으로 먹고 살 일이 큰 걱정이었다.

더욱이 스무 살도 안 된 처녀의 몸으로 아기를 기르며 살아갈 일을 생각하니 앞날이 막막했다.

카테리나는 눈물로 나날을 보냈다.

그녀는 요람 속에서 쌔근쌔근 잠을 자고 있는 아기를 바라보며 자기를 버리고 간 피에로를 원망했다. 그렇지만 아기는 아무 탈 없이 무럭무럭 자랐다.

레오나르도가 한 살이 갓 넘었을 무렵이었다. 어느 날 카테리나에게 나쁜 소식이 날아왔다.

레오나르도의 아버지인 피에로가 돈나 알비에라라는 피렌체의 훌륭한 가문의 처녀와 결혼했다는 소식이었다. 결국 피에로에게서 버림을 받은 카테리나는 어린 아들을 껴안고 슬프게 울 뿐이었다.

'아, 이젠 다 틀렸어. 무슨 방법을 찾아야지 안 되겠구나. 레오나르도야, 엄만 어떻게 하면 좋겠니?'

레오나르도의 어머니는 아이와 함께 죽어 버릴까 하는 생각도 해 보았다.

그러나 아기가 불쌍했다. 그러던 어느 날 카테리나는 생각 끝에 자신도 다른 남자와 결혼하기로 했다.

그래서 레오나르도를 다 빈치가의 할아버지 댁으로 보냈다. 할아버지는 어떻게든 아들인 피에로가 레오나르도를 기르도록 할 생각이었다.

어느 날 할아버지는 아들인 피에로를 불렀다.

"아버님, 부르셨습니까?"

"피에로야! 네 자식은 네가 길러야 하지 않겠느냐?"

사실 피에로는 돈나 알비에라와 결혼한 지 5년이 지나도록 자식을 보지 못하고 있었다.

"네 처와 잘 상의해 보거라."

"그렇게 하겠습니다. 아버지!"

집으로 돌아온 피에로는 아내인 알비에라에게 아버지의 뜻을 전하고 의논을 했다.

알비에라는 아직 젊은 여자였다. 젊은 여자에게 다른 여자가 낳은 자식을 맡긴다는 것은 그때나 지금이나 여간 힘든 일이 아니었다. 하지만 알비에라는 흔쾌히 그러자고 했다.

"알았어요, 우리가 기르도록 합시다."

마침내 레오나르도는 알비에라의 손에 자라게 되었다. 그리고 레오나르도의 할아버지는 인자하고 너그러운 분이었으며, 손자에게 각별한 정을 쏟았다.

어느 날, 그는 출생 신고도 되어 있지 않은 어린 손자를 '레오나르도 다 빈치'라는 이름으로 호적에 올렸다.

이때가 1457년, 레오나르도의 나이 다섯 살 때의 일이었다. 레오나르도 다 빈치에 대한 가장 정확한 어린 시절의 자료는 1457년의 공식 서류에 나온다. 그 서류에는 레오나르도는 '다 빈치 가문의 가족 중 피에로의 다섯 살 난 사생아'라고 기록해 놓고 있다.

레오나르도의 아버지 피에로에게는 프란체스코라는 동생이 있었다. 프란체스코는 조카 레오나르도를 몹시 사랑했다.

레오나르도도 프란체스코 삼촌을 무척 따랐다.

레오나르도는 알비에라의 사랑을 받고 있기는 했지만 친어머니의 사랑만큼 따뜻하게 느껴지지 않았다.

그는 어머니가 그리워지면 들판에 나가, 솔개 떼를 찾아다니며 마음껏 뛰어놀다 돌아오곤 하였다.

어느 날, 프란체스코 삼촌이 물었다.

"레오나르도야, 너 요즘 하루 종일 어디를 그렇게 쏘다니다 오는 거냐?"

"솔개를 찾으러요."

"솔개를?"

"삼촌, 솔개에 대해서 얘기해 드릴게요. 솔개는 가장 멀리 나는 새예요. 또 가장 높이 날 수도 있고요. 삼촌, 난 솔개처럼 가장 높이 가장 멀리 날 수 있는 물건을 만들 거예요."

'흠…, 애는 보통 아이들과는 다른 상상력을 가지고 있군.'

사실 레오나르도는 비범한 재주를 가지고 있었다.

아무도 가르쳐 주지 않았지만 그는 꽃이나 곤충, 동물들을 실물과 똑같이 그리는 재주가 있었다.

그뿐만이 아니라 자기가 관찰한 것을 실제로 만들어 보려고도 했다.

프란체스코 삼촌은 형 피에로에게 레오나르도의 영특함에 대해 자주 이야기했다.

"형님, 저 애는 보통 아이가 아닙니다. 스스로 생각하고 터득해 가는 아주 영리한 아이입니다. 잘 가르치면 큰 인물이 될 겁니다."

피에로도 레오나르도가 보통 아이들과는 다르다는 것을 여러 번 눈으로 보아 왔다.

"프란체스코야, 그러잖아도 요즘 나는 그 애에게 관심이 조금씩 가고 있단다. 돈이야 얼마든지 있으니 걱정 말고 좋은 선생님을 찾아보도록 해라."

"그렇게 하지요. 하지만 형님, 레오나르도의 성격에 모가 난 점이 있어 걱정입니다."

"그래, 어떤 점인지 말해 보렴."

프란체스코는 어린아이답지 않은 레오나르도의 생각과 행동에 대해 그동안 보고 느낀 점을 이야기했다. 레오나르도는 무엇보다 혼자 있는 것을 좋아해 친구를 사귀려 하지 않는다는 것이었다.

레오나르도가 친구를 사귀지 않는 이유는 자신이 다른 아이들과는 달리 사생아로 태어났다는 수치스러움 때문이었다.

레오나르도는 태어날 때부터 왼손잡이였으나 오른손도 왼손처럼 잘 쓸 수 있었다. 그래서 왼손잡이라는 사실을 아버지에게조차 숨길 정도로 자신을 드러내는 것을 무척 싫어했다.

1461년 레오나르도가 아홉 살이 되었을 때, 수학 선생님인 다바코 선생님이 레오나르도의 아버지를 찾아왔다.

"피에로 씨, 당신의 아들 레오나르도가 왼손잡이라는 것을 알고 계십니까?"

이 말을 들은 아버지는 그게 무슨 말이냐며 레오나르도는 절대로 왼손잡이가 아니라고 우겼다.

집에서 레오나르도는 항상 오른손을 사용했기 때문에 오

른손잡이로 알고 있었던 것이다.

"아닙니다, 선생님! 절대로 제 아들은 왼손잡이가 아닙니다."

다바코 선생님은 가방에서 종이 꾸러미를 꺼냈다. 그리고 그중 한 장을 펼쳤다.

"자, 이 시험지를 직접 보시기 바랍니다."

다 빈치가 새의 비상을 관찰한 그림과 글

"이건 시험 문제와 답안지로군요."

그런데 이상하게도 답안지가 온통 낙서로 채워져 있었다.

"아니, 이 녀석! 답은 쓰지 않고 시험지에다 낙서만 잔뜩 해 놓았잖아……."

이때 다바코 선생님은 껄껄 웃으시더니, 벽에 걸려 있는 거울을 떼어 가지고 아버지 앞으로 가져왔다.

"피에로 씨, 이 시험지는 언뜻 보기에는 낙서를 해 놓은 것같이 보이지만 실제는 그렇지 않습니다. 저도 사실은 레오나르도의 시험지를 보고 장난을 하는 줄 알고 화가 났었습니다. 그러나 이건 장난을 한 것이 아닙니다. 이 아이는 답안을 왼손으로 쓴 것이 분명합니다. 오른손잡이 사람들은 글씨를 왼쪽에서 오른쪽으로 써 갑니다. 그러나 이 아이는 글씨를 오른쪽에서 왼쪽으로 쓰고 있습니다. 저는 그 비밀을 거울에다 시험지를 비추어 보고 나서야 알게 되었습니다. 답은 모두 맞습니다. 이 아이는 선생을 골려 주려는 것이 아니라, 오히려 선생을 가르치고 있다고 할 수 있습니다."

"그럴 리가 있겠습니까?"

"아닙니다. 이 아이는 오른손으로도 글씨를 잘 쓰고 이제까지 그렇게 해 왔습니다. 그러나 한 번쯤 자신의 왼손을 선생님인 나에게 시험해 보고 싶었던 거지요."

"그렇다면 정말 이 아이가 왼손잡이였단 말입니까?"

"분명히 그럴 겁니다. 가족들에게도 자신이 왼손잡이라는 사실을 숨겨 왔던 겁니다."

두 사람은 사무실이 떠나가도록 한바탕 웃었다.

레오나르도는 이처럼 어릴 때부터 자기 방식대로 하는 고집이 센 아이였다.

아버지는 이때부터 레오나르도의 숨은 재능에 주의를 한층 더 기울이게 되었다.

레오나르도는 호기심과 모험심이 많은 소년이었다.

그러나 차분히 앉아서 한 가지 일에 오랫동안 매달리지 못하는 것이 흠이었다.

레오나르도는 루카 선생님에게 음악도 배웠다.

레오나르도는 류트 연주에 훌륭한 솜씨를 보였으며, 맑은 목소리로 노래도 잘하였다.

그는 과학 서적이나 전쟁 서적에도 남다른 호기심을 가졌지만 음악 공부와 같이 얼마 안 가서 흥미를 잃고 말았다.

그러나 그림 그리는 일과 조각 시간만은 한 번도 한눈을 팔거나 손을 떼지 않았다.

그렇다고 레오나르도가 무조건 다른 공부를 소홀히 한 것은 아니었다.

그는 그림을 그리는 데 도움이 될 만한 것이라면 분야를

가리지 않고 머릿속에 담았다.

또한 어렸을 때의 레오나르도는 자기주장이 강하고 조바심이 많은 아이였다.

그는 선생님이 가르쳐 주는 공부로는 만족할 수가 없었는지 혼자서 공부하거나 제멋대로 굴기도 했다.

그러나 스케치북이나 종이에다 그림을 그릴 때만은 어찌나 열중하던지 아무도 흉내 낼 수 없을 정도의 무서운 집중력을 보이는 것이었다.

레오나르도가 열두 살 때의 일이었다.

레오나르도는 논둑에 있는 진흙으로 된 점토를 퍼다가 마당에다 쌓아 놓은 적이 있었다. 프란체스코 삼촌이 다가와 나무라듯이 말했다.

"레오나르도야, 진흙 장난을 하면 못써."

"이건 진흙 장난이 아니에요. 삼촌!"

"그럼, 무엇 때문에 논둑에 있는 진흙을 집 안에다 퍼다 놓은 거냐?"

"그건 비밀이에요."

"이 녀석, 삼촌한테도 감출 거냐?"

"삼촌, 나중에 이야기해 줄 테니 지금은 모른 척 좀 해요."

레오나르도는 귀찮은 듯 내뱉고는 진흙을 다시 마구간 뒤쪽으로 옮겼다.

그날부터 레오나르도는 학교만 마치면 마구간 뒷마당으로 달려가 진흙을 만졌다.

"어디 가니?"

"마구간 뒤에요."

삼촌은 처음 며칠간은 레오나르도의 진흙 장난이 눈에 거슬렸으나 바쁜 농사철이라 금방 잊어버렸다.

레오나르도는 진흙을 가지고 사람의 얼굴 모양을 만들고 있었다.

아무도 가르쳐 주지 않았지만 그는 진흙으로 무엇인가를 만드는 데 뛰어난 재주가 있었다.

그는 마을 한가운데 있는 칼 찬 장군의 동상을 매일매일 바라보며 만드는 방법을 연구했다.

레오나르도는 흙 모형을 수없이 깨뜨렸다가 다시 만들고 하는 것을 되풀이했다.

몇 달이 지난 어느 날, 아버지와 프란체스코 삼촌이 마구간을 지나다가 깜짝 놀랄 만한 것을 보게 되었다.

뒷마당에 미소 짓고 있는 여자의 얼굴상이 너무나도 생생하게 만들어져 있었기 때문이다. 그리고 그 옆에는 어린아이의 얼굴상도 나란히 만들어져 있었다.

어린 소년의 솜씨라고는 도저히 믿을 수 없을 정도로 얼굴상은 훌륭했다.

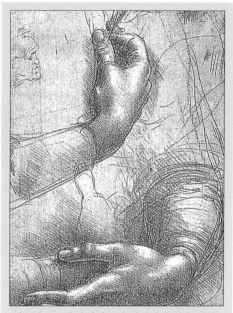

레오나르도의 〈지네브라 벤치의 초상을 위한 손의 습작〉. 아랫부분이 잘리어져 원작과의 관계는 정확히 알 수가 없다.

이것을 본 아버지는 아들의 재능을 살리기 위해 다시 피렌체로 가야겠다는 결심을 굳혔다.

15세기 말의 피렌체에는 약 10만의 인구가 살고 있었다.

레오나르도의 아버지 피에로는 가족들을 데리고 피렌체로 이사를 했다.

그리고 그는 피렌체에 공증인 사무소를 차렸다.

빈치 마을의 시골집은 아우인 프란체스코에게 넘겨주고 관리를 부탁했다.

학교를 그만두고 온 레오나르도는 피렌체의 커다란 교회 건물과 광장, 분수대, 회색빛 주택에 넋을 잃을 지경이었다.

그런데 피렌체로 이사를 온 지 얼마 지나지 않아 레오나르도 집안에도 변화가 생겼다.

알비에라가 시름시름 병을 앓다가 갑작스럽게 세상을 떠난 것이었다.

아버지는 한동안 시름에 잠겨 있었다.

그러나 한편으로는 아들 레오나르도의 걱정이 앞섰다. 어떻게든지 레오나르도를 예술가로 키울 생각이었다.

당시 피렌체의 상공업 조합의 문하생이 되려면 열네 살이 되어야만 가능했다.

화가가 되려면 우선 상공업 조합에 들어가야 했으며, 그곳에서 6년이라는 수업을 받아야만 했다.

1466년, 레오나르도가 열네 살이 되었을 때 아버지는 아들의 데생을 가지고 친구인 안드레아 델 베로키오를 찾아갔다. 베로키오의 작업장은 공방 안에 있었다.

그들이 하는 일은 제단에 그림을 그린다든가, 황금으로 그릇을 만든다든가, 추기경의 집에 실내 장식을 맡아 한다든가 하는 것이 대부분이었다.

베로키오는 그 당시 피렌체에서 화가로서뿐만 아니라 금은 세공업자로도 유명한 사람이었다.

레오나르도의 아버지는 아들과 함께 베로키오의 공방으로 찾아가 아들이 그린 그림을 눈앞에 펼쳐 보였다.

"여보게, 솔직히 말해 주게. 이 아이가 정말 미술로 성공할 수 있겠는가?"

"이… 이걸 저 애가 그렸다고? 이 아이는 천재야. 내 제자로 삼아 가르칠 것을 약속하네."

"고맙네. 베로키오. 잘 좀 부탁하네."

"기초부터 잘 가르치면 훌륭한 화가가 될 걸세."

그리하여 레오나르도는 아버지의 뜻에 따라 베로키오의 공방에 들어가게 되었다.

레오나르도는 처음으로 본격적인 그림 공부를 하게 되었다.

베로키오의 공방에는 레오나르도보다 먼저 제자가 된 페

루지오나 보티첼리 같은 선배들이 있었다.

'야, 굉장히 잘 그린다. 선배들에게 지지 않으려면 열심히 그려야 한다.'

자기보다 모든 면에서 앞서 있는 선배 경쟁자가 있다는 사실은 레오나르도에게도 커다란 자극이 되었다.

레오나르도는 그림 그리는 공부만 하는 것이 아니었다. 베로키오가 하는 여러 일들을 다 연구하기 시작했다.

그는 놀라운 지혜와 예지를 가지고 금이나 은을 녹이는 방법을 연구하거나 건축 설계, 교량 설계의 기술도 익혔다.

그뿐만 아니라 그는 전쟁 무기나 그것의 사용에 필요한 평면 설계도와 데생도 그렸다.

그리고 틈틈이 음악 공부도 게을리하지 않았다.

그러나 그는 화가이기를 원했으므로 베로키오 선생님의 지도를 받으며 그림 공부에 더 열중했다.

어느덧 레오나르도의 얼굴도 소년티가 가시고 준수한 용모의 청년으로 변해 갔다.

베로키오 선생님의 작업실에서 6년간 견습 생활을 하고 난 레오나르도는 이제 어엿한 화가로 성장해 있었다.

1472년, 레오나르도가 스무 살이 되던 해였다.

레오나르도는 매력적인 목소리에 잘생긴 얼굴을 가진 씩씩한 청년으로 변해 있었다.

그는 또한 천부적인 재능을 가지고 있었다.

당시는 화가로 활동을 하려면 국가가 공식으로 인정하는 화가 조합에 회원으로 가입해야만 자격이 주어지던 시대였다.

레오나르도는 같은 문하생인 보티첼리와 함께 피렌체의 성 루가 화가 조합에 당당하게 가입했다. 베로키오 선생님이 레오나르도를 화가 조합에 추천했던 것이다.

베로키오 선생님은 이제 막 화가로서 출발하는 레오나르도를 붙잡아 두고 싶었다.

"레오나르도, 자네를 내 옆에 좀더 붙들어 두고 싶네. 이제부터 자네가 나를 도와줘야겠어. 그리고 그 대가는 내가 지불하겠네."

그리하여 레오나르도는 베로키오 미술실의 수석 화가로

임명되었다. 당당히 급료를 받을 수 있게 된 것이다. 주위의 모든 동료들이 레오나르도를 부러워했다.

1472년 여름, 피렌체의 성 사르빅 성당의 신부님이 베로키오를 찾아왔다.

"베로키오 선생님, 우리 성당에 그림을 하나 그려 주십사 하고 찾아왔습니다. 마태오 복음 제3장에 나오는 그리스도의

레오나르도의 〈세실리아 갈레라니의 초상〉
독창직인 인물화로써 신비스러운 얼굴 모습의
표현이 깔끔하고 세련되었다.

세례 장면을 특별히 주문하고 싶습니다."

베로키오 선생님은 그것을 쾌히 승낙했다.

신부님의 요청대로 베로키오는 레오나르도와 함께 성 요한이 그리스도에게 세례를 주는 장면을 그리기 시작했다.

그 당시는 분업을 통해 화가들이 공동으로 작품을 그리

레오나르도 다 빈치가 스승인 베로키오와 함께
그린 〈그리스도의 세례〉에서 레오나르도는
옷을 들고 있는 천사를 그렸다.

는 경우가 많았다. 그래서 당연히 수석 화가인 레오나르도를 불러 그로 하여금 옷을 들고 있는 천사를 그리도록 하였다.

레오나르도는 스승과 함께 그림을 그리기 시작했다.

베로키오는 레오나르도에게 천사가 옷을 들고 서 있는 부분만 맡기고 자기는 다른 부분을 그리고 있었다.

베로키오 선생님이 그린 부분에서는 어딘가 모르게 딱딱한 느낌이 들었다.

그런데 레오나르도가 그린 곱슬머리 천사는 너무도 생동감이 넘쳐서 천사가 아닌 살아 있는 어린아이처럼 느껴졌다.

"지금까지 이탈리아 화가들이 그렸던 인물 그림 중 이처럼 부드러우면서 혼신의 열정이 담긴 그림을 나는 단 한 번도 보지 못했다!"

베로키오는 그 그림 앞에서 감탄하며 한숨을 길게 내쉬었다. 그리고 마음속으로 다짐했다.

'이제까지 나는 수십 년 동안 그림을 그려 왔지만 이 아이는 벌써 나를 뛰어넘어 버렸구나. 과연 천재로다. 이제 두 번 다시 그림을 그리지 않으리라.'

베로키오 선생님은 그날로부터 다시는 붓을 잡지 않았다. 스승을 능가하는 제자를 보고 심한 수치감에 사로잡힌 것이다.

역사 속으로

르네상스

문예 부흥이라고 해석되는 르네상스는 넓게는 생활의 사고방식, 그리고 모든 예술적 가치관이 중세에서 근대로 변화하는 모습을 한마디로 묶어 표현한 것을 말한다.

14세기에서 16세기에 걸쳐 이탈리아와 지중해 연안을 중심으로 일어나 유럽에 퍼진 예술상, 학문상의 혁신 운동이다. 즉 고전 문화를 지도 이념으로 하는 인간성 주장의 문화 운동이 르네상스인 것이다.

르네상스는 프랑스 어로 재생, 부활이라는 뜻을 가지고 있다.

르네상스가 일어나기 전의 유럽의 중세 사회는 약 1천 년 동안 인간적 암흑시대라고 한다. 학문이나 예술 등 모든 분야에서 크리스트교가 정한 규칙 안에서만 활동할 수 있었다.

그런데 십자군 전쟁이 일어나고 상공업이 발달하여 시민들이 잘살게 되자, 사람들 사이에서는 더욱 인간다운 생활을 하고 다양한 문화를 창조하려는 기운이 움트게 되었다.

그래서 고전 시대에 표현됐던 인간 중심의 문화를 부활시키려

르네상스 시대의 이탈리아 화가 보티첼리가 그린 〈비너스의 탄생〉

는 노력을 하게 된 것이다. 르네상스는 단순히 개인의 해방과 자연의 발전에 그치지 않고 문학, 미술, 학문, 정치, 종교 방면에도 새로운 기운을 불어넣어 지금까지의 교회나 신 중심의 중세 문화로부터 인간 중심의 근대 문화로 발돋움하는 계기가 되었다.

르네상스의 맨 앞장에 선 사람은 단테로서 그는 장편 시 <신곡>을 써서 인간의 자유로운 감정을 표현하였다. 단테에 이어 레오나르도 다 빈치, 미켈란젤로, 라파엘로 등 미술계의 거장들이 나와 눈부신 활약을 하게 되었다.

　르네상스가 이탈리아에서 최초로 일어난 이유는 동방 무역을 독점했기 때문에 독자적인 시민 문화가 형성되어 있었고, 더불어 상공업이 발달했기 때문에 가능했다.

　르네상스의 영향으로 과학도 눈부시게 발달했다. 코페르니쿠스의 지동설과 갈릴레이의 지동설에 대한 실증이 행해졌고, 과학적인 사고 방법도 발달하게 되었다. 나침반, 화약, 인쇄술 등 3대 발명품도 이 르네상스 시대의 산물이다.

　이탈리아의 르네상스는 여러 나라에 영향을 미쳤다. 네덜란드에서는 교회를 공격하던 에라스뮈스가 나타나 유럽의 휴머니즘을 대표하였고, 독일에서는 경험주의적인 미술과 문예가 발생하였다.

　영국에서는 셰익스피어와 《유토피아》를 지은 토머스 모어, 《캔터베리 이야기》의 초서가 나타났고, 프랑스의 몽테뉴, 스페인의 세르반테스 등의 인문주의자들이 르네상스 경향을 대표하는 작가로 활동하며 근대로의 발전을 한 발 앞당겼다.

메디치가에 머물며

　레오나르도는 턱수염이나 머리카락을 길게 드리운 사람의 얼굴을 매우 좋아했다.

　그런 사람을 길에서 만나면 온종일이라도 따라다니면서 자기 머릿속에 그 사람의 인상을 새겨 넣었다. 그러고는 집에 돌아와 그 인물이 마치 눈앞에 서 있는 것 같은 그림을 그렸다.

　사람들은 레오나르도의 이러한 버릇을 이상하게 생각했다.

　어떤 사람들은 레오나르도가 남자끼리 사랑하는 동성애

를 즐기는 사람이라고까지 의심했다.

이러한 비난은 사실 레오나르도의 천재적인 재능을 시기하던 사람들에 의해 계속되었다.

그러나 레오나르도는 그런 소문에도 불구하고 꿋꿋하게 그림을 그려 나갔다. 1478년에는 산 베오나르도 성당의 제단화를 그려 달라는 부탁을 받고 두 점의 성모상을 그렸다.

그 무렵 레오나르도는 베로키오 선생님의 소개로 피렌체를 지배하고 있던 메디치가를 드나들고 있었다.

메디치가는 이탈리아의 큰 부자로서 수많은 예술가를 거느리고 있었다.

특히 메디치가의 맏형인 로렌초는 그 자신이 시인일 뿐 아니라 정치가로서도 이름이 높은 사람이었다.

그는 예술을 사랑하여 화가, 음악가를 자기 집에 매일 초대하여 성대한 파티를 열었다.

그리스의 고전을 연구하기 위해 학자들을 초청하는가 하면, 그들을 위해 대학과 도서관을 세우기도 했다.

로렌초는 예술을 사랑했지만 학문 쪽에 더 정성을 기울였다. 그 때문에 레오나르도와 같은 화가는 큰 대접을 받지 못했다.

레오나르도는 로렌초 집안을 드나들면서 실의의 나날을 보내고 있었다.

"피렌체라는 도시는 내가 필요하지 않은 것일까?"

그는 매일 이렇게 푸념을 늘어놓았다.

어느덧 레오나르도는 스물일곱 살이 되었다.

그는 스승인 베로키오의 작업실에서 혼자 독립했다. 언제까지 스승의 그늘에 가려 살 수는 없다고 판단했기 때문이다.

이 무렵, 베로키오 스승 밑에서 같이 공부했던 보티첼리는 로마 교황의 부름을 받고 시스티나 성당* 벽화를 그리기 위해 로마로 떠났다. 레오나르도의 실망은 여간 큰 것이 아니었다.

시스티나 성당

바티칸시국 로마 교황청 안에 있는 성당으로 교황 선거 회의가 거행되는 장소이다. 교황 식스투스 4세의 명으로 1473~1481년에 건립되었으며, 벽면에 있는 미켈란젤로의 벽화 <최후의 심판>으로 유명하다.

미켈란젤로가 그린 <최후의 심판>

1481년에는 스승 베로키오마저 조각가로 위촉받아 베네치아로 훌쩍 떠나 버렸다.

　어느 날 로렌초는 레오나르도를 불러서 이렇게 말했다.

　"레오나르도, 그대는 내 집에 머물며 나를 즐겁게 해 주고는 있지만 아무래도 이곳보다는 밀라노로 가는 것이 좋을 것 같소. 밀라노의 이르 모로 공작은 지금 당신과 같은 사람을 애타게 구하고 있소."

　피렌체에서 인정을 받지 못한 레오나르도는 밀라노에서나마 마음껏 자신의 재능을 발휘하고 싶었다.

　레오나르도는 피렌체를 떠나 밀라노로 가기로 작정했다.

　이미 유명한 미술가가 된 그는 자신이 왜 피렌체를 떠나야 하는지를 생각해 보지 않을 수 없었다. 스승 베로키오가 그를 두고 가 버렸다는 것이 한 가지 이유가 될 수 있었다.

　자신의 경쟁자인 보티첼리에 이어 기를란다요, 페루지노 같은 쟁쟁한 화가들이 로마로 가 버렸다는 것이 둘째 이유가 될 수 있었다. 이 세 사람은 교황 식스투스 4세의 초청으로 시스티나 성당의 그림을 그리기

위해 이미 떠나고 없었다.

홀로 외톨이가 된 레오나르도는 이제 피렌체는 미술가들의 중심 도시가 아니라고 생각하게 되었다.

그러나 그가 피렌체를 떠나고자 하는 데는 더 중요한 이유가 있었다.

메디치가의 지배하에 있는 피렌체는 전통적인 것을 부활시키려는 예술 경향이 유행하고 있었다.

옛날 책들을 수만 권씩 배로 실어와 도서관에 채웠다. 그중에는 그리스 • 로마의 사상과 철학 서적들이 많았다.

또 로렌초의 할아버지가 세운 대학에서는 플라톤을 연구하는 플라톤 학회가 번창하였다.

학자들의 관점에서 본다면 레오나르도는 사실상 학교 교육을 받지 않은 사람이었다. 학문 연구를 자랑으로 여기는 귀족적인 피렌체의 은행가들이나 돈 많은 부자들이 볼 때 레오나르도는 오직 무식한 그림쟁이에 불과했다.

그러나 밀라노는 사정이 달랐다. 그곳은 수년간 용병 대장의 가문인 이르 모로 공작에 의해 지배되고 있었다.

그들은 재능과 인기로서 사람을 평가하고 있었다.

레오나르도는 개인이 가지고 있는 재주와 능력으로 평가하는 이르 모로 가문의 사람들에게 마음이 끌렸다.

그래서 그는 밀라노를 지배하고 있는 이르 모로 공작에게 먼저 긴 편지를 썼다.

가장 고명하신 공작님.

전쟁용 기계의 대발명가라고 스스로 뽐내는 모든 사람을 미리 염두에 두고 읽어 주시기 바랍니다. 그들의 발명품과 사용 방법은 요즘 널리 사용되고 있는 것과 별 차이가 없는 보잘것없다는 것이 밝혀졌으므로, 저는 누구의 명예를 손상하고자 하는 것이 아닌 그동안 연구해 온 저의 비결을 알려 드림으로써 저의 재능을 설명하려고 하는 바입니다.

첫째, 저는 아주 가볍고 강한 다리를 만드는 법을 알고 있습니다. 그 다리는 지극히 운반하기 쉬우며, 폭탄이 떨어져도 안전하고 파괴되지 않는 다리로서 떼고 붙임을 자유자재로 할 수 있습니다.

둘째, 성벽이 매우 높거나, 견고하거나, 그 위치 때문에 어떤 장소를 포위 공격할 수 없을 때, 설사 바위 위에 건설되어 있다고 할지라도 그 어떤 바위나 요새를 파괴할 수 있는 비법을 알고 있습니다.

셋째, 더욱이 저는 지극히 편리하고 운반이 간편한 각종 박격포를 만들 수 있습니다. 그것으로 작은 돌을 적진에 우박처럼 퍼부을 수 있습니다.

넷째, 저는 소리를 내지 않고 비밀 지하 갱도나 구불구불한 도로를 만드는 방법을 알고 있습니다.

다섯째, 저는 안전하고 잘 파괴되지 않는 장갑차를 만들 수 있습니다. 그것은 대포를 싣고 적진에 들어가 어떠한 대군이라도 물리칠 수가 있습니다.

한마디로 말해 그때그때 상황에 따라 공격과 방어가 가능한 각종 기계류를 얼마든지 발명할 수 있습니다.

여섯째, 만일 전투가 바다에서 일어날 경우, 저는 효과적으로 공격할 수 있는 배를 만드는 방법을 알고 있습니다.

일곱째, 전쟁이 없을 때는 건축 및 공공건물들의 설계와 물을 끌어들일 수 있는 수로의 설계에서도 그 누구보다도 완벽한 만족을 드릴 수 있습니다.

  또한, 저는 대리석이나 청동이나 진흙으로 조각을 할 수 있으며, 그림에서도 어떤 누구 못지않게 그릴 수 있습니다.

  이상에서 언급한 것 중 어느 하나라도 불가능하다거나 실현되기 어렵다고 생각되실 경우, 저는 공작님 앞에서 기꺼이 실험을 해 보일 수 있습니다. 저는 지극히 겸허한 태도로서 저 자신을 공작님께 추천하는 바입니다.

-레오나르도 다 빈치-

  1482년, 레오나르도는 서른 살의 나이로 밀라노에 도착했다.

  전쟁 무기의 발명에 관한 레오나르도의 예언적인 제안은 이르 모로 공작의 마음을 사로잡았다.

  밀라노에 도착한 레오나르도는 이르 모로 공작의 궁정에서 대대적인 환영을 받았다.

  레오나르도는 밀라노 궁정에 갈 때 자신이 직접 만든 말 머리 모양의 괴상한 악기를 가지고 갔다.

  "레오나르도 선생, 그건 무슨 악기인가요?"

레오나르도 다 빈치가 자신의 발명에 대하여 밀라노의 관리들에게 설명하고 있다.

"제가 직접 만든 악기로 류트라고 합니다."

"오, 그래요. 그럼 선생의 연주를 한번 들려줄 수 있겠소?

"예, 알겠습니다."

레오나르도는 그곳에 참석한 어떤 악사도 경쟁이 안 될 정도로 류트를 연주하였다. 레오나르도는 이 연주로 당대의 어느 즉흥 시인보다도 뛰어난 재능을 인정받는 계기가 되었다.

게다가 레오나르도는 만능 천재였다.

레오나르도가 이르 모로 공작에게 편지로 써 보낸 내용에는 거짓이 없었다.

지난날 베로키오 스승 밑에서 본격적인 예술 공부를 할 때부터 레오나르도는 진정한 예술가는 무엇이든 다 알고 해낼 수 있어야 한다고 생각했다.

그리하여 그는 패기에 찬 젊은이답게 이탈리아 북서부에 있는 아르노강물을 이용하여 피사에서 피렌체에 이르는 대운하를 건설할 계획도 세운 적이 있었다.

그 밖에도 물레방아와 물의 힘으로 움직이는 도구들을 설계하기도 했다.

또 지렛대, 기중기, 스크루 등을 사용하여 크고 작은 물건들을 들어 올리고 움직일 수 있음을 보여 주었다.

그러나 피렌체 사람들은 이러한 그를 믿지 않았다.

반면 레오나르도가 밀라노 궁정의 귀한 손님이 되어 머물게 되자, 밀라노 사람들은 그를 열광적으로 환영했다.

"레오나르도 선생이 우리 도시로 이사 오셨다. 진정 밀라노의 영광이다!"

사람들은 모두 크게 기뻐하였다.

그 당시 이탈리아는 작은 도시 국가들로 이루어져 있었기 때문에 전쟁이 빈번했다.

레오나르도는 전쟁 무기를 설계한 다음, 이르 모로 공작에게 보여 주었다.

"레오나르도 선생! 참으로 훌륭하오."

이르 모로 공작은 즉시 레오나르도가 직접 설계한 무기들을 만들게 했다.

이르 모로 공작은 야심가이자 명성을 좋아했다.

그는 레오나르도와 같은 대예술가가 자기 궁정에 머무는 것 자체를 명예로 생각하는 사람이었다.

어느 날, 공작이 레오나르도를 불렀다.

"레오나르도 선생, 나는 그대에게 우리 아버지인 프란체스코 스포르차의 기념 조각상을 만들어 줄 것을 부탁합니다."

프란체스코 스포르차는 용병 대장으로 이름을 날린 사람이었다. 그는 뚝심이 센 농부같이 무뚝뚝한 장군으로서 그에게 전쟁 자금을 대준 귀족들에게 큰 신뢰감을 준 인물이었다.

특히, 부하를 사랑하는 마음이 지극해 전투 중인 부하들조차 그에게 충성을 맹세할 정도였다. 그 당시에는 무역이나 은행업 말고 전쟁을 통해서도 막대한 재산을 모을 수 있을 때였다. 군인들은 그들의 우두머리인 스포르차를 위해 전투에 나서 돈을 벌었고, 나중에는 돈을 지배하는 권력까지 얻을 수가 있었다.

그 당시 서로 사이가 좋지 않은 도시 국가들의 은행가들과 무역상들은 자기들을 위해 싸우고, 자기들을 지켜 주는 군인들에게 기꺼이 돈을 내고 그들의 특권을 인정해 주었다.

용병은 어느 나라 출신이어도 상관없었다.

프란체스코 스포르차는 무어인이었다. 그는 가장 용맹스러운 용병 대장이었으며, 숙련된 장군이었고 전쟁 전문가였다. 그는 자기 직업에 전심전력을 다해 출세한 대표적 인물이었다.

말을 탄 그의 모습은 예순 살이 넘어서도 젊은 장군처럼 보였다. 당당하고 훌륭한 체격, 진지한 표정, 다정하고 친밀감 넘치는 말투, 늠름한 걸음걸이, 그리고 전쟁터에서는 패배를 모르는 사람이었다.

레오나르도가 조각해야 할 장군이 바로 이 사람이었다. 레오나르도는 조각상을 만들 것을 약속했다.

"공작님, 이 몸이 손수 공작님의 부친 조각상을 만들어 보겠습니다. 공작님 부친의 전력으로 미루어 보아 이 세계를 지배하고도 남을 야심 찬 장군의 모습이 크게 부각되도록 하는 것이 좋겠습니다. 그러니 말을 타고 달리는 용맹스러운 기마상이 어떻겠습니까?"

"오, 그거참 좋은 생각이오."

이르 모로 공작은 레오나르도의 기발한 아이디어에 흡족해하였다.

"제가 온 정성을 다해 걸작품을 만들겠습니다. 그리하여 후세 사람들에게 공작님 가문의 명예가 영원히 전해지도록 하겠습니다. 그러나 이 작업에는 많은 시간이 필요합니다."

"얼마나 걸리겠소?"

"한 3년 정도는 걸리겠습니다."

"그럼, 그때까지 완성해 주기 바라오."

이르 모로 공작은 더 짧은 시간 안에 조각상이 완성되기를 바랐지만 레오나르도의 뜻에 따르기로 했다. 레오나르도는 이 작품을 위해 심혈을 기울일 것을 약속했다.

그러나 그는 마음속으로 3년이라면 아직도 시간이 충분

히 남아 있다고 생각했다. 그래서 천천히 계획을 세우고 일을 차근차근 진행할 거라고 생각했다.

한편으로 레오나르도는 훌륭한 기하학자였다. 그는 과학과 수학에도 남다른 재능을 보였다.

레오나르도는 자신이 단순한 조각가로서만 머물러 있을 수는 없다고 생각했다.

조각가는 자신의 기술을 응용하여 대포 같은 무기의 구조에도 적용할 수 있어야 한다고 주장했다.

이르 모로 공작은 레오나르도의 주장에 찬성했다.

"레오나르도 선생! 그렇다면 그대가 한번 새로운 대포를 만들어 보도록 하시오."

레오나르도는 며칠 동안 밤을 새워 가며 설계도를 작성했다. 네 개의 분수가 하늘로 치솟아 타원형으로 물줄기를 떨어뜨리는 설계도가 만들어졌다. 이르 모로 공작은 이 그림을 보고 나서 고개를 끄덕였다.

"정말 대단하오."

"공작님, 이 그림은 분수가 치솟고 있는 듯이 보이지만 사실은 그렇지 않습니다. 네 개의 분수는 사실

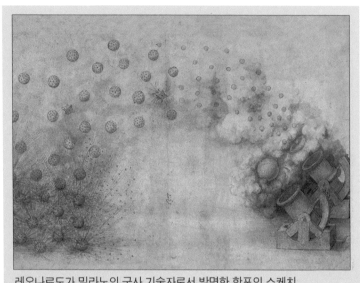

레오나르도가 밀라노의 군사 기술자로서 발명한 함포의 스케치

네 대의 포신입니다. 이 네 대의 포가 탄환을 성채 안으로 우박과 같이 퍼붓고 있는 그림입니다. 포신이 짧고, 쏘아 올릴 수 있는 각도를 크고 넓게 하여 높이 쏘아 올릴 수가 있습니다. 그래야만 탄환이 성벽을 넘어 성내로 떨어지게 되는 것입니다."

레오나르도는 당시 사용되고 있는 중세의 대포들이 언젠가는 고물이 되어 쓸모가 없는 무의미한 물건이 될 것을 이미 예언하고 있었다.

그러나 이르 모로 공작은 이 훌륭한 제안을 선뜻 받아들일 수가 없었다.

"훌륭하긴 하지만 이걸 그대가 정말 만들 수가 있겠소?"

"물론입니다. 공작님!"

레오나르도는 자신 있게 대답했다.

"하지만 그대는 다른 일로도 바쁜 몸이 아니오? 전쟁은 나 같은 군인에게 맡겨 두고 당신은 내가 부탁한 우리 아버지 조각상에만 몰두해 주기 바라오."

레오나르도의 제안은 받아들여지지 않았지만 생각해 보면 공작의 말에도 일리가 있었다.

레오나르도는 공작의 말을 좋게 받아들였다.

'아, 공작은 나를 예술가로서 더욱 사랑하고 계시구나!'

메디치가

르네상스 시대의 이탈리아를 대표하는 명망 높은 가문으로 이탈리아 르네상스의 보호자로서뿐만 아니라, 당시 유럽 굴지의 금융업자로서, 또 피렌체 공화국과 토스카나 공국의 지배자로서 유명하다. 원래 피렌체 동북 지방 출신인 메디치가는 조반니 디 비치(1360~1429)가 상업과 교황청의 은행가로서 거금을 모으면서 14세기부터 피렌체의 정치계에 등장하였다.

그의 아들 코시모 데 메디치(1389~1464)는 피렌체 공화국의 발전에 이바지한 공으로 '국부(國父)'의 칭호를 받았다. 그는 유럽의 16개 도시에 은행을 세우는 한편, 교황청의 재정을 장악하여 막대한 재산을 축적했으며, 개인 재산을 시 재정에 보태고 학문과 예술을 보호 • 장려하였다.

그의 손자 로렌초 데 메디치(1449~1492) 때에 피렌체와 메디치가의 번영은 최고에 이르렀고, 또한 그는 외교 수완이 뛰어나 피렌체를 이탈리아 정치의 중추적 지위에 올려놓았다. 그러나 그의 뒤를 이은 피에로(1471~1503)는 무능하여 시민들의 반

발을 사서 추방되었다.

메디치가는 1512년 피렌체로 복귀하여 교황 레오 10세, 클레멘스 7세를 배출하였다. 독일 카를 5세가 남하했을 때, 잠시 피렌체에서 쫓겨났지만 얼마 후 다시 복귀하였으며, 가문을 이은 먼 친척인 코시모 1세(1519~1574)가 1569년 토스카나 대공이 되었으며, 그의 딸 마리아 데 메디치는 프랑스 앙리 4세의 왕비가 되어 역사상 '마리 드 메디시스'로 알려져 있다. 메디치가는 그 후 유럽의 군주들과 혼인 관계를 맺었으나 점차 세력이 쇠퇴하여 18세기 중엽 가계가 단절되었다.

피렌체 베키오궁 앞에 있는 〈코시모 데 메디치의 동상〉

스포르차가

15세기 중엽에서 16세기 초 이탈리아의 밀라노를 지배한 귀족으로, 무초 아텐돌로(1369~1424)가 그 시조이다. 그는 평민 출신의 유력한 용병 대장으로 나폴리 여왕과 로마 교황을 위해 싸워 무공을 세우고 스포르차의 칭호를 얻었다. 그의 아들 프란체스코(1401~1466)도 용병 대장이 되어 무훈을 세웠고 밀라노 공비스콘티의 딸과 결혼하여 밀라노 공이 되었으며, 롬바르디아와 북이탈리아를 지배하였다. 또한 그는 문예를 보호 장려하여 밀라노를 북이탈리아 문화의 중심지로 육성하였다.

그의 아들 갈레아초 마리아(1444~1476)는 백성들의 원한을 사 암살되었으며, 아들 잔 갈레아초(1469~1494) 때 숙부인 로도비코 일 모로(1451~1508)에게 정권을 빼앗겼다. 로도비코의 아들 막시밀리안(1491~1530)이 밀라노 공의 지위를 이어받았으나 프랑스에 패한 뒤 밀라노를 할양하였다.

그의 아우인 프란체스코 마리아(1492~1535) 때 재차 밀라노 공으로 봉해졌으나 마지막 밀라노 공이 되었다.

새장의 새를 놓아주다

어느덧 레오나르도의 나이가 서른다섯 살에 접어들었다.

밀라노 시민들로부터 레오나르도는 병기의 기술자이며, 건축가이자, 조각가로서 이름을 드날리고 있었다.

그는 키가 크고 균형 잡힌 체격을 가졌으며, 준수한 용모와 함께 힘은 보통 사람보다 강했다.

그의 태도는 밀라노 사람들에게 매력적이었고, 말은 웅변가처럼 유창했다. 그의 논리적인 이론은 아무리 재치 있는 사람들도 당해 내지 못했다.

그는 특히 자기 주변에 있는 아름다움을 사랑했으며, 화려하고 좋은 옷을 입고 다녔다. 그동안 그는 두 번에 걸쳐 밀라노 대성당의 설계료를 받아 풍족한 생활을 꾸려갈 수가 있었다.

그는 특히 말을 좋아해 집안에 여러 마리의 말을 길렀으며, 하인들도 여러 명 거느렸다.

어느 날, 레오나르도는 밀라노의 시장을 걷고 있었다.

밀라노 시장은 각지에서 모여든 장사꾼들로 붐비고 있었다. 여러 가지 호화로운 옷감, 양털로 짠 모포, 비단으로 만든 신발 등이 산더미처럼 쌓여 있었다.

레오나르도는 새 장수 앞에서 발길을 멈췄다.

새 장수는 시장 골목에다 수십 개의 새장을 걸어 놓고 새를 팔고 있었다.

지저귀는 새소리를 듣자, 사람들이 북적거리는 소리에 머릿속이 어지러웠던 레오나르도는 마음이 편안해지면서 얼굴에 평온함이 깃들기 시작했다.

새는 모두 100마리가 넘을 것 같았다.

그 새들은 노란 부리를 내밀고 레오나르도에게 애

기를 걸고 있는 것 같았다.

'아, 내가 어릴 때 살던 빈치 마을이 떠오르는구나. 너무 오랫동안 고향 마을을 잊고 살았어.'

레오나르도는 프란체스코 삼촌과 함께 들판을 뛰어다니며 놀던 어린 시절을 생각했다.

"이거 정말 영광입니다. 레오나르도 선생님이 아니십니까?"

"뭐? 레오나르도 선생이 오셨다고?"

"레오나르도 선생님, 안녕하십니까? 저는 이 골목에서 옹기그릇을 팔고 있는 파울로입니다."

여기저기서 자기를 소개하며 사람들이 레오나르도에게 인사를 했다. 레오나르도는 새 장수를 불렀다.

"영감님, 저 새들은 모두 팔 겁니까?"

새 장수 영감은 이마에 땀을 닦으며 대답했다.

"그야 물론이지요. 새 장수가 새를 팔지 않으면 무엇을 팔겠습니까?"

"그렇다면 저 새들을 모두 나에게 파십시오."

새 장수 영감은 의아한 표정으로 레오나르도를 다시 한 번 바라보았다.

"아니, 이 많은 새를 어디에 쓰시려는지요."

"특별히 어디에 쓰겠다는 것은 아니고, 그저 사고 싶습니다."

"그래도 그렇습죠. 한두 마리라면 몰라도 100마리가 훨씬 넘는데요."

"그래, 안 팔겠다는 거요? 팔겠다는 거요?"

"아니, 안 팔겠다는 것은 아닙니다."

새 장수 영감과 레오나르도가 흥정을 하는 동안 골목 주위로 지나가던 행인들이 기웃거리며 몰려들었다.

행인 중의 한 사람이 레오나르도를 발견하고는 새 장수에게 다가갔다.

그러고는 점잖은 목소리로 말했다.

"영감님, 레오나르도 선생님께서 다 뜻이 있어 새를 사시겠다고 하니 그냥 파십시오."

레오나르도는 그 점잖은 목소리의 주인공을 쳐다보았다.

그는 다름 아닌 프란체스코 삼촌이었다.

"아니, 삼촌! 밀라노에는 웬일입니까?"

"너를 찾아서 왔단다."

두 사람은 얼싸안고 한참 동안 뜨거운 포옹을 했다.

프란체스코 삼촌은 레오나르도보다 열일곱 살이나 위였다. 벌써 이마엔 주름이 굵게 팬 중년의 모습으로 변해 있었다.

"네 소식을 피렌체에서도 많이 들었다. 네가 유명한 예술가가 되었다는 소식은 이탈리아의 온 지역에 널리 알려져 있더구나. 네 아버지도 기뻐하시고 있단다. 자세한 얘기는 집에 가서 하기로 하자꾸나. 그런데 새는 왜 사려고 하느냐?"

"저는 저 새들을 모두 사서 날려 보내 주고 싶었습니다."

이 말을 들은 새 장수 영감은 그제야 레오나르도의 뜻을 알아차렸다.

새를 정말 사랑하는 사람은 새를 잡지 않고 있는 그대로 보고 즐기는 사람이란 걸 깨달은 것이다.

"레오나르도 선생님. 저는 평생 새를 잡아다 팔아 왔습니다. 이 못난 영감을 용서해 주십시오. 선생님의 말씀에 깊은 감명을 받았습니다. 저는 앞으로 이 새 장사만은 다시는 하지 않겠습니다."

"허허… 영감님, 앞으로 새 장사를 하지 않겠다니, 그게 무슨 말씀입니까?"

"아닙니다. 진심으로 하는 말입니다. 이후로 저는 다시는 새를 잡지 않겠습니다."

레오나르도는 주머니에서 금화를 한 움큼 꺼내 새 장수에게 건네주었다.

"아마 이 정도면 새값으로 충분할 겁니다."

새 장수는 황송한 표정으로 금화를 받았다.

"제 평생, 이렇게 후한 새값을 받아 보기는 처음입니다. 저는 이 돈으로 다른 장사를 하겠습니다."

레오나르도는 새장의 문을 모두 열었다.

"자, 모두 너희들이 살던 곳으로 돌아가거라."

그러자 주위에 있던 많은 사람들은 레오나르도의 행동에 감탄하였다.

"과연 위대한 분은 달라!"

"네, 그래요. 정말 존경스러운 분이에요."

"우리 보통 사람들과는 다른 인품을 지니셨구나!"

레오나르도는 삼촌과 함께 여러 날을 같이 지냈다.

프란체스코 삼촌이 머물다 간 어느 날, 이르 모로 공작 집에서 하인이 찾아왔다.

"레오나르도 선생님, 이 쪽지를 전해 드리려고 왔습니다."

쪽지에는 다음과 같이 적혀 있었다.

레오나르도 선생께 그대가 약속했던 우리 아버지의 기마상 제작이 진척되지 않고 있는 것이 마음에 거슬리오. 좀 더 서둘러 주시오.

레오나르도는 그 자리에서 답장을 써서 하인에게 주었다.

이르 모로 공작님, 기마상 제작을 위한 습작 스케치*는 거의 완성되어 가고 있으니 안심하시기를 바랍니다. 최대한 이른 시일내에 제작에 들어가겠습니다.

레오나르도는 이르 모로 공작과 약속한 기일에 기마상을 제작하기 위해 습작 스케치의 완성에 여념이 없었다.

그러던 1493년의 어느 날이었다. 레오나르도의 친어머니인 카테리나가 병든 몸을 이끌고 밀라노로 아들을 찾아왔다. 레오나르도가 마흔한 살 때의 일이었다.

두 모자는 36년 만에 상봉했다. 너무 오랜 세월이 지났으므로 아들과 어머니는 서로를 알아보지 못했다.

그도 그럴 것이 카테리나는 레오나르도가 만 네 살이 될 무렵, 아들을 시댁으로 보내고 다른 남자와 결혼했기 때문에 마흔 살이 넘은 아들의 모습을 알아볼 수 없었다.

처음에는 어떤 할머니가 문밖에 와서 자기를 찾는다는 하인의 말을 듣고 의아했지만, 막상 마주 대해 보니, 그 옛날 어머니의 품속에서 자장가를 들으며 젖을 먹던 시절이 어슴푸레 되살아나는 것을 느꼈다.

"네가 정말 레오나르도냐?"

"네, 어머니!"

스케치

데생의 한 가지로 사생이라고도 한다. 그리려고 하는 대상을 사실 그대로 그리는 것을 말한다. 스케치 재료로는 보통 연필·색연필·목탄(숯)·파스텔 등을 써서 단색으로 나타내는데, 여기에 수채화 물감으로 엷게 칠하는 예도 있다.

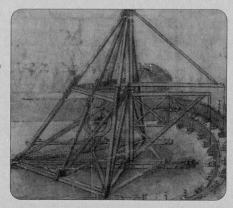

레오나르도 다 빈치가 구상한 운하 굴착기의 스케치

어머니는 아들이 이탈리아 전역에서 명성을 날리고 있는 대예술가라는 사실이 믿어지지 않아, 자꾸만 되풀이해서 확인해 보고 싶은 심정이었다.

"네가 정말 온 나라에 명성이 자자한 내 아들 레오나르도란 말이냐?"

"그렇다니까요, 어머니."

어머니는 벌써 예순이 넘은 데다 세파에 시달린 야윈 얼굴에 주름살투성이의 할머니가 되어 있었다. 그리고 편찮은지 자꾸만 눕고 싶어 했다.

"어머니, 어디가 편찮으십니까?"

"아니다. 몸이 피곤해서 그런지 눕고 싶구나."

레오나르도는 밀라노에서 이름이 있다는 의사들을 찾아다니며 어머니의 병을 고치려고 애를 썼다.

"선생님, 저희 어머니의 병명이 무엇입니까?"

"레오나르도 선생, 어머니께서는 무슨 특별한 병이 있는 것은 아닙니다. 그저 오랫동안 고생을 해서 몸과 마음이 쇠약해져 있습니다."

"그럼, 달리 치료 방법이 없다는 겁니까?"

〈성안나와 성모자와 어린양〉 레오나르도의 몇 점 안 되는 완성 작품의 하나이다.

"예, 그저 푹 쉬시면서 잘 드시도록 하십시오."

레오나르도는 어머니께 정성을 다하여 음식을 대접했지만, 어머니는 잘 드시지 못했다.

'아, 식사도 제대로 못 하시는구나.'

온갖 호화스러운 옷과 이부자리도 마련해 드렸지만 다 소용이 없는 일이었다.

얼마 지나지 않아 어머니가 돌아가셨기 때문이다.

하루는 산타 마리아 델레 그라치에 성당에서 성 도미니크 교단의 책임자가 레오나르도를 찾아왔다.

"나는 그라치에 성당의 수도원장 반델루오입니다."

"어쩐 일로 저를 찾아오셨는지요?"

수도원장은 레오나르도의 집을 이리저리 둘러보고 말했다.

"선생님께서 우리 성당의 식당 벽에 <최후의 만찬>을 그려 주셨으면 합니다."

<최후의 만찬>이란 예수 그리스도가 로마 병정들에게 잡혀가 십자가에 못 박혀 죽음을 당하기 전날 밤, 열두 제자를 모아 놓고 마지막 저녁 식사를 하던 광경을 말한다.

1494년, 레오나르도가 마흔두 살이 되던 해의 일이었다.

레오나르도는 수도원장의 간곡한 부탁으로 성당의 식당을 찾아갔다. 우선 준비 작업을 하기 위해 벽면의 높이와 성당의 넓이 등을 재야 했기 때문이다.

그림을 그려야 할 벽면은 가로 9미터, 세로가 4미터나 되는 커다란 벽면이었다.

막상 식당에 와서 벽면을 측정하고 나니 레오나르도에게는 엄청난 일이 아닐 수 없었다.

그때까지 레오나르도는 교회의 벽화를 더러 그려 보기는 했지만, 이렇게 여러 사람이 제각기 개성을 갖고 있는 대작을 주문받기는 처음이었다.

밀라노에 있는 산타마리아 델레 그라치에 성당

<최후의 만찬>을 그리기 위해 레오나르도는 무수한 습작을 했다. 제자들의 얼굴에는 장엄한 아름다움과 품위가 깃들여 있어야 했지만, 예수 그리스도의 얼굴에는 그에 어울리는 신적인 모습이 표현되어야 했다.

아무리 시간이 지나도 예수 그리스도의 얼굴만큼은 머리에 잘 잡히지 않았다. 그뿐만 아니었다. 유다의 모습도 어떻게 그려야 할지 어려운 문제였다.

레오나르도는 이 그림 속에 누가 주님을 팔아먹을는지 알고 싶어 하는 사도들의 불안과 조용히 기도하는 표정을 그려 넣어야겠다고 생각했다.

요한이나 베드로*, 마태오, 루카, 유다 등 예수 그리스도의 열두 제자는 우리들 보통 인간의 모습을 하고는 있지만, 각기 저마다의 표정과 고뇌를 표현하기란 쉬운 일이 아니었다.

이들 사도의 얼굴에는 사랑과 공포, 그리고 잠시 후면 닥쳐올 로마 군인들에 대한 분노와 절망, 슬픔의 감정이 깃들어 있어야 할 것이 분명했다.

그리고 그리스도의 마음을 이해하지 못하는 데서 오는 슬픔의 표정도 그려 넣어야 했다.

이에 못지않게 중요한 것은 유다의 얼굴에 완고하고 증오에 찬 배신의 표정을 그려 넣는 일이었다.

<최후의 만찬>은 좀처럼 완성되지 못하고 있었다. 1년이 지나고 2년이 지나갔다.

베드로

예수의 십이사도 가운데서 으뜸 가는 제자이다. 처음 이름은 시몬이었다. 원래는 어부였는데 예수를 만나 베드로(바위라는 뜻)라는 이름을 얻고 제자가 되었다.

사도 베드로와 바울이 투옥되었던 로마의 감옥

수도원의 수도사들은 그림의 진척 상태를 보러 왔다가 번번이 실망하고 돌아갔다.

이제나저제나 하면서 지켜보던 반델루오 수도원장도 조바심을 내기 시작했다.

수도원장은 레오나르도가 때때로 반나절 가량을 아무 일도 하지 않고 생각에 잠겨 있는 것을 이상하게 여겨, 그에게 일을 빨리 끝내도록 재촉하였다.

이 수도원장은 화가나 정원사는 쉴 새 없이 그림을 그리거나 잔디를 깎고 화단에 물을 주어야 한다고 생각하는 사람이었다.

그래도 레오나르도는 자신의 방식대로 반나절은 멍하니 생각을 하며 보냈다.

수도원장은 이르 모로 공작을 찾아갔다.

"공작님, 레오나르도가 너무 게으름을 피우고 있습니다. 공작님께서 한 번 저와 함께 가서 타일러 주십시오."

레오나르도는 <최후의 만찬>을 그리는 일 이외에도 프란체스코 스포르차의 기마상을 제작하겠다는 약속을 아직도 지키지 못하고 있었다. 그 약속은 벌써 10년이 되었는데 지켜지지 않고 있었다.

"공작님, 저 레오나르도가 언제 <최후의 만찬>을 완성하려는지는 모르지만 빨리 그리도록 명령해 주십시오."

공작은 마지못해 수도원장과 함께 레오나르도의 작업실을 찾아갔다.

"그대는 매일 게으름을 피우고 있다고 들었는데 그 이유를 내게 말해 주시오."

공작은 이렇게 말하며 수도원장의 성화 때문에 왔노라고 넌지시 암시를 해주었다.

"천만의 말씀입니다. 그것은 공작님과 수도원장께서 모르고 하시는 말씀입니다. 화가들은 실제로 아무 일도 하지 않고 있는 것처럼 보일지 모르지만, 사실은 머릿속에서 그림을 지웠다 다시 그렸다 하고 있습니다. 길을 걸을 때나 산책하러 나갈 때도, 문제를 해결하기 위해서 애를 쓰고 있는 것입니다."

수도원장은 레오나르도의 너무나 당당한 대답에 아무 말도 하지 못했다.

레오나르도는 수도원장과 공작이 보는 앞에서 높이가 4

미터나 되는 벽면에 그림을 그리기 위해 세워 둔 나무 발판 위로 뛰어 올라가 말했다.

"자, 여기를 보십시오. 저는 아직 이 벽에 얼굴을 둘이나 더 그려야 합니다. 하나는 그리스도의 얼굴입니다. 그리스도의 얼굴은 이 지상에서는 도저히 그와 비슷한 얼굴을 구할 도리가 없습니다. 신이 사람 모양으로 나타날 수 있는지는 몰라도, 인간의 상상력으로는 신의 위엄과 품격을 완벽하게 그려 낼 수는 없기 때문입니다."

이 말을 들은 수도원장은 가슴이 뭉클해졌다. 자신이 너무나도 레오나르도에 대해 모르고 있었다는 사실이 부끄러웠다.

레오나르도는 다시 말을 이었다.

"또 하나의 얼굴은 유다의 얼굴입니다. 저는 이 유다에 대해 곰곰이 생각해 보았습니다. 세상을 창조하신 하느님의 무한한 은혜 속에서 주님을 배반한 인간의 얼굴을 제대로 표현할 길이 없어 고민입니다. 그래서 저는 이 두 사람의 얼굴을 어떻게든지 그리기 위해 매일매일 생각에 잠겨 고민하고 있었던 것입니다."

이탈리아 화가 조토 디 본도네가 그린 〈최후의 만찬〉

　"핫하하하! 과연 그대는 훌륭한 예술가요. 그대의 말에 나는 탄복했소. 수도원장은 어서 사과하시오."

　"레오나르도 선생, 내가 선생을 잘못 보았소. 용서해 주기 바라오."

　수도원장은 얼굴을 붉히며 그 자리에서 물러났다.

　그 후 수도원장은 다시는 레오나르도를 귀찮게 굴지 않았다.

　레오나르도에게는 수도원의 <최후의 만찬> 그림도 중요

하지만 이르 모로 공작이 10년 전에 부탁한 기마상을 제작하는 일도 중요했다. 그래서 수도원에서 하루 종일 그림을 그리다가 집에 돌아오면 밤늦게까지 기마상을 만들어야 했다.

수도원의 그림이 좀처럼 진전되지 않은 것은 동상 제작에 일부의 시간을 빼앗긴 탓도 있었다.

레오나르도는 늘 바쁜 나날을 보냈다.

그러는 사이에 어느덧 배반과 비정한 인간의 표상인 유다의 얼굴을 훌륭하게 그려 냈다.

이렇게 해서 <최후의 만찬>은 3년이란 긴 세월이 소요되며 불멸의 명화로 완성되었다.

이 벽화를 보게 된 사람들은 다시 한번 놀랐다.

예수 그리스도를 중심으로 왼쪽에는 요한, 유다, 베드로가 그려져 있고, 오른쪽으로는 동생 야고보, 토마, 필립보가 보이는데 한 사람 한 사람의 손과 몸짓, 얼굴의 표정이 정말로 살아 있는 것처럼 보였다.

이 그림의 완성을 재촉하던 수도원장이었지만 완성된 <최후의 만찬> 앞에서는 진심으로 탄복하고 말았다.

예수와 열두 제자 등을 그린 레오나르도의 대표작 〈최후의 만찬〉

이 〈최후의 만찬〉은 가로 880센티미터, 세로 460센티미터의 대작으로 레오나르도 다 빈치의 대표작으로 꼽히고 있다.

이 그림을 보기 위해 찾아온 프랑스 왕은 〈최후의 만찬〉을 자기 나라로 가져가고 싶어 할 정도로 탄복했다.

레오나르도는 〈최후의 만찬〉을 완성하고, 이르 모로 공작으로부터 밀라노 교회에 있는 포도원을 기증받았다.

미켈란젤로(1475~1564)

미켈란젤로는 레오나르도 다 빈치, 라파엘로와 함께 르네상스의 3대 거장으로 꼽히는 이탈리아의 조각가이자 화가, 건축가, 시인이다. 1475년 카노사 출신의 귀족인 아버지와 이름이 알려지지 않은 어머니 사이에서 토스카나 지방 아레초 북부의 카프레세라는 마을에서 태어났다. 피렌체에서 보낸 유년 시절부터 조토와 마사치오를 습작하며 그림에 많은 관심을 쏟아 집안에서 자주 꾸중을 들었다고 전한다. 그러나 가족들의 심한 반대에도 불구하고 14세에 미켈란젤로는 당시의 유명한 화가 도메니코 기를란다이오의 공방 도제가 되어 그림 공부를 했다. 뒤에 선생의 추천으로 피렌체의 실력자이자 예술가들을 후원하던 메디치 가문의 화가 집단에 들어가 로렌초의 총애를 받는다.

미켈란젤로는 메디치 가문의 보호를 받으며 베르트르드 디 조반니를 통하여 도나텔로 작풍을 배웠다. 또 고대 조각도 연구하고 <계단의 성모>, <라피타이 족의 싸움>을 제작했다. 1496년 로마로 가서 1499년 성 베드로 대성당의 <피에타>를 완성했다.

　1501년 피렌체로 돌아와 <다비드>를 제작하고 팔라초 베키오 대평의회 회의실 벽화를 레오나르도 다 빈치와 경쟁 작품의 형태로 위촉받아 <카시나의 전투>의 바탕 그림을 그렸으나 완성하지 못하였다. 1505년 로마에 가서 교황 율리우스 2세의 사당과 묘의 주문을 받아 제작에 착수하였으나, 1508년 율리우스 2세로부터 시스티나 예배당 천장화 <창세기> 제작을 명받고 중단하였다. 미켈란젤로는 1512년 작품을 완성하기까지 4년 동안 발판 위에 서서 작업을 하였는데, 이로 인해 관절염을 앓았으며, 천장에서 떨어지는 물감 안료로 인해 눈병도 생겼다. 피렌체에서는 산 로렌초 성당의 메디치가 사당과 묘, 산타 마리아 델 피오레 대성당 내의 <피에타>, 로마에서는 <모세>와 <노예>, 다시 만년에 <론다니니의 피에타> 등을 제작하였다.

　화가로서 시스티나 예배당 정면 벽화 <최후의 심판>(1536~41), 바티칸 궁전 파올리나 예배당의 벽화 <바울의 개종>과 <베드로의 순교>(1542~49)를 완성했다. 건축가로서는 피렌체의 산 로렌초 성당 부속 라우렌치아나 도서관 설계(1524년

이후), 로마의 카피톨리노 언덕의 정비 계획(1537년 이후), 성 베드로 대성당 건조(1546년 이후) 등의 건축에 종사하였다.

미켈란젤로는 조각, 회화, 건축 등 각 분야에 걸

아들을 잃은 슬픈 성모상을 조각한 〈피에타〉

쳐서 르네상스의 고전주의 완성에 기여하였다. 젊었을 때, 사보나롤라의 사상과 피렌체 인문주의의 영향을 받았으며, 1530년대 이후 점차로 신비주의적 경향을 더한 사상 편력의 흔적이 시나 편지 가운데 많이 남아 있고, 500여 점에 이르는 그의 작품들은 후세에까지 커다란 영향을 미쳤다.

부서진 청동 기마상 모형

레오나르도는 <최후의 만찬>을 완성하던 1498년 스포르차 공의 기마상을 위한 모형을 만들었다. 그 모형은 높이가 7미터나 되는 준마의 모형으로서 밀라노성 안의 광장에 우뚝 세워졌다.

프란체스코 스포르차 공이 갑옷을 입은 채 앉아 있고, 준마는 금방이라도 땅을 박차고 하늘로 날아오를 듯한 힘찬 모습을 하고 있었다.

아직 모형에 지나지 않는데도 밀라노 사람들은 일제히

함성을 지르며 감탄했다.

레오나르도는 공작을 위해 이 세상에서 모든 사람이 놀랄 만큼 거대한 청동상의 준마를 만들려고 했던 것이다.

레오나르도는 마침내 기마상을 만들기 위해 필요한 7만 근이나 되는 구리도 얻게 되었다.

그러나 이듬해인 1499년, 전쟁이 터지고 말았다.

이르 모로 공작은 밀라노의 동맹군을 지원하기로 했다.

전쟁의 상황이 나빠지자 이르 모로 공작은 동상 제작을 위해 준비해 둔 구리를 전쟁 물자로 사용하고 말았다.

레오나르도는 입술을 지그시 깨물며 슬픔에 잠겼다.

'아, 이 전쟁만 없었더라면 나의 예술품은 완성이 되었을 것인데……'

전쟁은 점점 치열해지고 이르 모로 공작은 갈수록 불리한 처지에 놓이게 되었다.

공작은 프랑스의 루이 12세에게 원조를 청했다. 그러나 프랑스 군대는 공작을 돕기 위해 밀라노로 왔지만 배신을 하고 오히려 밀라노를 공격했다.

프랑스 왕에게 배신당한 공작은 전쟁에 패배하여 초라한

모습으로 도망을 갔다.

밀라노로 쳐들어온 프랑스군은 성의 광장에 우뚝 솟아 있는 진흙으로 만든 기마상을 보고 감탄을 했다.

"야, 훌륭한 조각품이다! 이것을 누가 만들었을까?"

포로가 된 밀라노 병사가 큰 소리로 비웃듯이 말했다.

"레오나르도 다 빈치 선생이 만든 것이다. 너희들 같은 야만국에서는 감히 들어 보기도 힘든 이름을 가진 어른이지."

"뭐가 어째? 건방진 놈 같으니."

프랑스군은 밀라노 병사를 단칼에 베어 버리고 말았다.

"자, 위대한 프랑스군이여! 모두 활을 쏘아 저 진흙 말을 산산조각 내 버리자!"

구리를 녹여 붓기만 하면 되었던 이 기마상은 이렇게 해서 두 번 다시 세워질 수 없게 되었다.

밀라노 궁정의 몰락과 함께 레오나르도의 생활도 산산조각이 나는 것처럼 보였다.

프랑스 왕 루이 12세는 사신을 보내 레오나르도를 데려오도록 명령을 내렸다.

"왕이 그대를 부르신다. 예의를 갖추고 오너라."

레오나르도가 오랫동안 머물렀던 밀라노의 현재 모습

레오나르도는 왕 앞으로 끌려갔다.

"그대가 레오나르도 다 빈치인가? 과연 예술가 중의 예술가로다. 그대가 그린 수도원의 벽화는 걸작 중의 걸작이다. 나와 함께 프랑스로 가지 않겠는가?"

루이 12세는 레오나르도에게 청했다.

하지만 레오나르도는 그 청을 물리쳤다.

"그렇다면 그대는 언제 어느 때고 자유롭게 떠나도 좋다.

짐은 그대에게 자유를 허락하노라. 그대는 나와 함께 이 곳에 머물러도 좋다. 그리고 떠나고 싶을 땐 언제든지 떠나도 좋다."

레오나르도는 잠시 밀라노에 더 머물다 피렌체로 돌아왔다. 이때가 1500년, 그의 나이 마흔여덟 살이었다.

당시 세르비 교단의 수도사들은 피렌체의 화가 필립피노 리피에게 눈치아나 성당의 제단에 걸어 둘 그림을 위촉했다.

이 소식을 전해 들은 레오나르도는 자신도 같이 제단의 그림을 그리고 싶다고 청원했다.

필립피노는 이 말을 전해 듣고 레오나르도가 그림을 그리도록 양보하고 물러섰다.

수도사들은 레오나르도를 맞아들여 그의 제자들 생활비까지 지불하면서 돌보아 주었다.

그러나 레오나르도는 일에 전혀 손을 대지 않았다.

얼마가 지난 후에야 겨우 성모 마리아와 성녀 안나가 그리스도와 함께 있는 밑그림 한 장을 그렸을 뿐이다.

성모 마리아*의 얼굴에는 성스러운 기운이 깃들여 있고, 그녀는 맑은 눈길로 무릎에 앉아 있는 성녀 안나와 그리스도가 어린 양과 장난하는 모습을 지켜보며 기쁨에 젖어 있는 그림이었다.

레오나르도는 세르비 교단의 수도사들이 위촉한 제단화의 제작을 포기해 버렸다.

이 일로 인해 레오나르도는 사람들로부터 '게으른 화가'라는 비난을 받기도 했다.

그는 자기가 그리다 중간에서 포기한 그림을 필립피노에게 다시 부탁해서 그리게 했지만, 필립피노가 도중에 사망하는 바람에 결국 완성되지 못했다.

그 당시 피렌체에서는 레오나르도보다 스물세 살이나 아래인 미켈란젤로라는 젊은 화가가 유명하였다. 피렌체

성모 마리아

예수의 어머니로 성모, 또는 성모 마리아라고도 일컫는다. <신약 성서>에 따르면 갈릴리 지방의 나자렛 마을에 살았는데, 목수인 요셉과 약혼해 있던 중 성령에 의해서 처녀의 몸으로 예수를 낳았다고 한다. 예수가 십자가에 못 박히자, 그 곁에 지켜 서서 고통을 함께 나누었다고 한다.

레오나르도 다 빈치의 <수유하는 성모>

사람들은 그를 높이 평가하고 있었다. 그러나 레오나르도가 피렌체로 돌아오자 두 사람은 강한 경쟁의식을 갖게 되었다.

밀라노에서는 명성이 자자한 레오나르도였으나 피렌체 사람들은 그를 따뜻하게 맞이하지 않았다.

레오나르도는 1502년 보르지아 가문의 체잘레 공으로부터 초청을 받고 로마로 갔다.

체잘레 공은 강대한 교회의 군대를 만들어서 이탈리아 전체의 국왕이 되려는 야심을 가지고 있었다.

레오나르도를 초청한 것은 그러한 야망을 채우고자, 그를 군사 기술자로서 초청한 것이었다.

체잘레 공은 레오나르도를 예술가로서가 아니라, 적이 공격해 와도 무너지지 않는 성채와 비밀 무기를 만드는 전쟁 기술자로서 고용했던 것이다.

레오나르도는 그가 시키는 대로 군사 고문이 되어 비열한 전쟁에 참여했다. 그러나 1년도 못 가 체잘레 공은 힘을 잃었고 전투에서 죽고 말았다. 또다시 레오나르도는 피렌체로 되돌아가지 않으면 안 되었다.

피렌체의 미켈란젤로는 자기보다 훨씬 나이가 많은 레오나르도를 얕잡아보고 있었다.

미켈란젤로는 건방진 젊은이였다. 어렸을 때 그의 교만함이 섞인 농담을 참지 못한 동료가 화가 나서 미켈란젤로의 콧등을 힘껏 때린 일이 있었다.

미켈란젤로는 그때 맞은 콧등의 상처로 일그러진 코를 일생 동안 달고 다녀야 했던 화가였다.

그래서 그의 모습은 추남이 되어 버렸다. 그러나 그의 예술가적인 재능은 대단했기에 천재라는 소리를 듣고 있었다,

레오나르도는 미켈란젤로와 친한 사이가 되지 못했다.

두 예술가는 모두 자존심이 매우 강했다.

이 두 천재의 명성은 날로 높아져 갔으며, 미술 애호가뿐만 아니라 모든 피렌체 시민은 무엇이든 기념이 될 만한 작품을 그들이 남겨야 한다고 시장에게 청원하였다.

어느 날, 피렌체의 시장과 돈 많은 부자들은 회의를 열어 시청에 새로운 대회의실을 짓기로 결정했다.

그리하여 피렌체의 시장 피에로 소데리니가 하루는 레오나르도를 찾아왔다.

"레오나르도 선생님, 시청사의 회의실을 이번에 새로 지었는데, 그곳에 벽화를 그려 주시기를 바랍니다. 그림의 내용은 <앙기아리의 싸움>으로서 피렌체가 밀라노를 쳐부수는 장면입니다."

레오나르도는 작업에 착수하기 위해서 먼저 밑그림을 그리기 시작했다.

앙기아리의 싸움은 1440년에 있었던 싸움으로 피렌체군이 밀라노의 필립포 공작의 기마병을 쳐부순 것으로 유명했다.

레오나르도는 한 떼의 기마병이 서로 군기를 빼앗으려고 전투하는 장면을 그리기로 마음먹었다.

말의 근육과 운동의 미를 그리는 데 있어서 제1인자인 레오나르도는 말의 모습과 자세를 너무나 훌륭하게 그렸다. 또한, 서로 달려들어 칼로 찌르는 생동감이나, 도망치려 애쓰는 병사들의 표정이나, 피로 얼룩진 갑옷들도 너무나 생생하게 그려 냈다.

일단 밑그림을 완성해 놓은 레오나르도는 곧 벽화 제작에 들어갈 채비를 갖추어 놓았다.

그런데 어느 날, 미켈란젤로가 와서 레오나르도가 일하는 반대쪽 벽면에다 그림을 그리기 시작했다.

미켈란젤로는 피렌체 군이 피사 군과 싸워 크게 이긴 <카시나의 싸움>을 그리고 있었다.

시청의 관리들은 피렌체 시민의 청에 못 이겨 당대의 두 천재를 서로 경쟁시키려고 했던 것이다.

피렌체 사람들은 두 천재 중 누구의 그림이 뛰어난 작품으로 남을 것인가에 대해 서로들 의견이 갈라졌다.

시민들은 이제 스물여덟 살이 된 젊은 미켈란젤로와 쉰한 살이 된 레오나르도, 이 두 예술가를 서로 추켜세우는데 열을 올렸다.

시민들은 이 두 사람의 경쟁 결과가 어떻게 되는지를 지켜보고 있었다.

어느 날 레오나르도가 제자들과 함께 산타 토리니카 광장을 걷고 있었다.

사람들이 마침 레오나르도 일행을 발견하고는 뛰어왔다. 그들은 무엇인가 심하게 다투고 있었다.

 "레오나르도 선생님, 우리는 지금 단테의 시를 가지고 서로 다른 뜻으로 해석하고 있어 다투는 중입니다. 선생님께서 이 구절을 설명해 주십시오."

 시민 중의 한 사람이 이렇게 말하며 한 편의 시를 내밀었다.

 레오나르도는 입가에 미소를 띠고 있었다. 바로 그때 미켈란젤로가 사람들을 헤치고 걸어오고 있었다. 레오나르도는 먼발치로 미켈란젤로를 쳐다보며 그가 알아들을 수 있는 큰 목소리로 말했다.

 "단테의 시는 미켈란젤로가 나보다 더 잘 알고 있을 겁니다. 저기 오는 미켈란젤로에게 물어보십시오."

 이 말을 들은 미켈란젤로는 자기가 놀림감이 된 줄로 오해하고 화를 버럭 냈다.

 "레오나르도 당신이 직접 설명하시오. 청동 기마상 작품도 아직 완성하지 못한 주제에, 나더러 단테의 시를 설명해 주라고……. 내가 당신의 제자입니까?"

 미켈란젤로는 그래도 분이 안 풀렸는지 더욱 비난의 목

소리를 높였다.

"밀라노 사람들도 바보 천치가 분명해. 어떻게 저런 사람을 믿고 작품을 맡겼는지 모르겠어."

레오나르도는 자식 같은 나이의 젊은이한테 심한 모욕을 당했지만 아무런 말도 없이 인자하게 웃으며 그곳을 떠났다.

"느림보, 게으름뱅이가 따로 없지. 저기 도망가는 저 영감쟁이가 바로 그 사람이오."

미켈란젤로는 사람들이 다 듣도록 레오나르도 등 뒤에다 악담을 퍼부었다. 그래도 레오나르도는 끝내 맞받아 화를 내지 않았다.

레오나르도는 우아하고 고상한 인품을 지니고 있었다. 또한 행동이나 말씨도 관대했다. 두 사람 사이에는 그만큼 눈에 보이지 않는 경쟁이 치열했다.

레오나르도는 벽화의 밑그림을 거의 완성해 놓고 있었다. 그러나 미켈란젤로는 갑자기 로마로 떠나 버렸다.

얼마 후 레오나르도 역시 그림을 중단하고 말았다.

벽화는 벽면에 아직 습기가 있을 동안에 작업을 해야 하는 등 무척 까다로운 일이었다. 그래서 그는 오랜 세월이 흘러도 변색하지 않을 혼합 물감을 제조하여 벽화를 그리기 시작했다. 그러나 물감을 사용하던 중에 물감이 흘러내려서 그림을 훼손했기 때문에 중단하고 만 것이다.

이 두 예술가의 경쟁은 이렇게 해서 무승부가 되었다.

레오나르도가 그리다 실패한 이 벽화는 오늘날 아무런 흔적도 없이 사라져 버렸다.

바티칸 교황청

테베레강의 오른쪽 연안 몬테마리오 남단과 자니코로 언덕의 북단 사이에 있다. 대부분 중세 및 르네상스 시대의 성벽에 둘러싸여 있고 6개의 성문이 있다. 그 외에 교황청과 이탈리아 사이에 체결된 라테란 협정(1929년 2월 11일)에 따라 산 조반니 인 라테라노 대성당 · 산타마리아 마조레 대성당 · 카스텔간돌포 교황청 궁전 등의 시설에도 주권이 미친다.

미켈란젤로가 디자인한 화려한 복장의 스위스 용병 100여 명으로 구성된 근위대와 방송국, 은행, 우체국, 주조 화폐 시설, 이탈리아 국유 철도와 연결되는 철도 등이 있다. 주요 건물은 성 베드로 대성당과 바티칸 궁전이다.

성 베드로 대성당은 330년쯤에 콘스탄티누스 대제의 명으로 착공되어 1506~1667년에 걸쳐 브라만테 · 미켈란젤로 등의 예술가들에 의해 증 · 개축된 세계 최대의 그리스도교 건축물이다. 바티칸 궁전은 그레고리오 11세 때부터 교황의 궁정이 되었다. 이 외에도 세계의 진귀한 보물이 수집된 미술관 · 박물관, 학술

가치가 높은 장서를 모아놓은 도서관 등이 있다. 또 식스투스 4세가 건립한 시스티나 성당은 교황 선거·추기경 회의 등 교황청의 중요한 회의가 이루어지는 곳이다.

독립국으로서의 행정 사무와 전 세계 가톨릭 신자 10억 525만 4,000명(1997)의 종교 행정을 관리하는 교황청의 조직으로는 다음과 같은 것이 있다.

국무성성은 바티칸 시국의 통치를 담당하고, 교황청 외의 여러 다른 기관과 제휴하여 여러 나라 정부와의 교섭, 이른바 '바티칸 외교'를 한다. 국무성성에는 외무평의회가 설치되어 있다. 이 외에 중앙 행정 기관으로서는 신앙교리성성·주교성성·동방교회성성·성직자성성·수도사 및 재속수도회성성·가톨릭교육성성·인류복음화성성·성사경신성성·시성시복성성의 9개의 성부가 있는데 각 성부의 장관은 추기경이 맡는다. 교황청 독자의 사법 제도는 내사원·대심원·항소원으로 되어 있다.

이 외에도 여러 개의 사무처와 3개 사무국이 있는데 사무국에는 그리스도교 일체사무국, 비그리스도교 사무국, 무종교인 사

무국이 있다.
그리고 평신
도협의회 ·
정의평화위
원회가 있다.
그밖에 학문
연구에 관한
교황의 관심

건강상 이유로 자진 퇴위한 베네딕토 16세는 256대 교황이다.

을 반영하는 몇 개의 상설위원회가 있다.

바티칸 시국의 재정은 교황청이 전 세계에서 하는 거액의 투자에서 나오는 이윤, 미술관 · 박물관의 입장료, 우표 발행, 신자의 기부금 등에 의해 조달된다. 외교는 국제법상으로 인정된 하나의 주권국으로서 전 세계의 주요한 나라들과 대사 · 공사의 교환이 이루어진다. 또 교황의 세계 각지 시찰 · 방문은 세계인들의 큰 주목을 받는다.

최고의 걸작

　어느 날, 피렌체의 갑부인 프란체스코 델 조콘도라는 사람이 레오나르도를 찾아왔다.

　"선생님, 제 아내인 모나리자의 초상화를 그려 주십시오."

　모나리자는 조콘도의 세 번째 부인이었다.

　레오나르도는 마지못해 청을 받아들이며 조콘도의 집으로 모나리자를 만나러 갔다.

　'모나'란 마돈나라는 뜻이다.

　1479년, 피렌체에서 태어난 이 여자는 열여섯 살 때 조콘

레오나르도의 초기 작품 중의 하나인 〈수태고지〉

도의 셋째 부인이 된 이래 그때까지도 스물다섯 살의 꽃다
운 처녀티를 그대로 간직하고 있었다.

이 여자는 참으로 우아한 매력을 지닌 여자였다.

그리고 여왕처럼 조용히 미소를 지으며 앉아 있었다.

이상하게도 아름다운 얼굴에 나타나는 미소는 입술 위에
서 산산하게 퍼져 가슴속으로 물결처럼 전해졌다. 그 미소
는 신비로운 꿈결 같기도 하고 모든 사람을 애태우게 하는
유혹의 손짓 같기도 했다.

레오나르도는 이 신비로운 미소의 수수께끼를 풀고 싶
었다.

"부인, 아까처럼 한 번만 다시 미소를 지어 보십시오. 네, 좋습니다. 그렇게 가만히 허공을 쳐다보고 계십시오."

레오나르도는 미소가 변함없이 유지되도록 악사를 불러서 곡을 연주해 주기도 하고, 그 자신이 직접 류트를 켜며 음악을 들려주기도 했다.

레오나르도는 그 여자의 미소를 통해 그의 마음속에 오랫동안 잠자고 있던 어린 시절 어머니의 미소를 만나게 되었다.

레오나르도는 모나리자를 통해서 바로 어린 시절의 자기 자신을 만난 것이다. 이 기억이 일깨워지자, 그는 이 초상화를 꼭 완성하겠다는 일념에 사로잡히게 되었다.

레오나르도는 초상화에만 온 정성을 쏟았다.

오랫동안 그는 붓을 들고 부인의 신비로운 표정이 만들어 내는 잔잔한 호수 속으로 빨려 들어갔다.

모나리자의 미소는 어머니의 미소였다. 그 신

비스러운 미소는 하루아침에 그려질 수가 없었다.

레오나르도는 이 그림을 그리는 데 1503년에서 1507년까지 무려 4년이나 걸렸다.

그런데도 이 그림은 자신이 보아도 아직 다 완성되었다고 할 수는 없었다.

레오나르도가 그린 <모나리자>에는 회화로 표현할 수 있는 가장 미세한 부분까지 나타나 있었다.

두 눈은 가장 아름다운 마음을 쏟아 그린 속눈썹과 함께 마치 살아 있는 사람의 눈처럼 광채와 물기가 서려 있었다.

발그레하고 세밀하게 열린 코는 산 사람의 코 그대로이다.

윗입술 사이의 오목한 부분과 입술연지의 붉은빛은 물감으로 그린 것이라기보다는 살점으로 그린 것 같고, 목덜미의 오목한 부분을 눈여겨보면 핏줄이 뛰고 있는 것을 느낄 수가 있다.

이 초상화 속에는 그것을 바라보는 사람들에게 신비로운 느낌을 갖게 할 만큼 매혹적인 미소가 담겨 있었다.

그런데 이 초상화 속의 여자에게는 기이하게도 눈썹이 없다. 그래서 그는 이 그림을 아직 미완성이라고 선언하고 조콘도에게 주지 않았다.

그는 눈썹을 그려 넣으면 그림을 주인에게 주어야 했기에 눈썹을 빠뜨린 채로 그림을 갖고 있었다.

밀라노와 로마를 거쳐 프랑수아 1세의 궁전에 머물러 있던 레오나르도는 이 그림을 1519년 5월 2일 사망할 때까지 갖고 있었던 사실로 보아 얼마나 애착을 가졌는가를 알 수 있다.

레오나르도는 <모나리자>를 그린 후에 어디론가 멀리 떠나 버리고 싶었다. 그때 밀라노를 점령하고 있던 프랑스 사람들이 레오나르도에게 간곡하게 와 달라고 부탁을 했다.

"제발, 레오나르도 선생님! 다시 밀라노로 와 주십시오."

점령군 대장 담보아즈 장군은 친히 레오나르도에게 프랑스 왕 루이 12세의 초청장을 보내왔다.

레오나르도는 초청을 받아들이기로 했다. 레오나르도가 떠나려 하자 이번에는 피렌체 사람들이 찾아와 말렸다.

"선생님, 제발 피렌체를 버리지 마십시오, 밀라노로 가시면 안 됩니다."

밀라노는 레오나르도를 가장 융숭하게 대해 준 도시였

다. 그는 예술가로서 가장 왕성한 기간을 그곳에서 보낸 일이 있는지라 아직도 미련이 남아 있었다.

그러나 한편으로 자기를 다시 알아주는 피렌체 사람들에게 미안한 생각이 들기도 했다.

그는 3개월 후에 피렌체로 다시 돌아올 것을 약속하고 밀라노로 향했다.

그러나 어느덧 쉰다섯 살이나 된 레오나르도는 말을 타고 가는 도중에 안장에서 떨어질 정도로 몸과 마음이 지쳐 있었다.

밀라노에 대한 지난 추억은 즐거운 것이었다. 지금은 죽었지만 이르 모로 공작은 레오나르도를 가장 아껴 준 사람이었다. 밀라노에 도착한 레오나르도는 루이 12세의 따뜻한 환영을 받았다.

그러나 밀라노에서 그가 맡은 일은 그의 옛날 후원자였던 이르 모로 공작을 패배시킨 트리불치오라는 장군의 기념비 제작이었다. 그 일만은 도저히 맡을 수가 없었다.

이때 프랑스 군이 전쟁에 참패하여 밀라노에서 자기네 나라로 쫓겨가게 되었다. 그래서 이번에는 로마로 떠났다.

피렌체로 돌아가기로 한 약속을 지키고 싶었지만 그런 모습으로는 돌아가고 싶지 않았기 때문이다.

당시 로마는 메디치 가문 출신의 교황 레오 10세가 지배하고 있었다. 교황 레오 10세는 메디치가 로렌초의 아들이었는데, 그가 레오나르도를 로마로 초청했다.

로마에는 라파엘로*와 미켈란젤로가 수년 전부터 와서 일하고 있었다.

교황 레오 10세는 레오나르도를 존경하고 있었다.

"이곳에 계시면서 마음껏 하고 싶은 작업을 하십시오."

교황은 바티칸 궁전에 레오나르도의 집을 마련해 주었다.

레오나르도는 그곳에서 많은 연구를 할 수 있었다.

수학과 과학, 연금술은 물론 그림을 그릴 때 쓰는 기름과 그림을 보존하기 위한 칠에 대한 연구에 몰두했다.

라파엘로(1483~1520)

이탈리아의 화가이자 건축가. 1504년에 피렌체로 가서 <성모자상> 등 많은 종교화를 그려 독자적인 화풍을 이루어 나갔다. 그 뒤 로마로 초청되어 바티칸 궁전의 천장화와 <아테네의 학당>, <파르나소스> 등의 벽화를 그렸다.

라파엘로의 작품 <아름다운 자르디니에르>의 일부

한편, 로마에 먼저 와 있던 미켈란젤로는 당대의 대가 레오나르도를 크게 의식했기 때문에 그와 마주치지 않으려 했다.

교황 레오 10세는 미켈란젤로에게 성당 설계를 의뢰했는데, 그는 레오나르도와의 경쟁을 피하기 위해 갖은 애를 썼다.

얼마 후 교황 레오 10세는 세상을 떠났다.

마침내 레오나르도는 1516년, 목적이 없는 바티칸 궁전의 생활에서 스스로 물러 나왔다.

그는 프랑스 왕인 프랑수아 1세로부터 프랑스로 오라는 초대 편지를 받았다.

레오나르도 선생

우리는 선생을 최고의 예술가로서 대우하겠습니다. 프랑스로 와 주십시오. 우리 국민은 선생의 예술을 무척이나 사랑하고 있습니다.

레오나르도는 어느덧 머리칼과 수염이 은색으로 빛나는

예순여섯 살의 노인이 되어 있었다.

그는 1517년 5월, 제자 메르치만을 데리고 프랑스로 떠났다. 프랑스 병사들은 레오나르도를 호위하면서 알프스산맥을 무사히 넘을 수 있도록 도와주었다.

그리고 프랑수아 1세는 레오나르도를 위해서 앙부아즈의 클루성을 내주었다.

시골인 앙부아즈 지방은 포도 재배로 유명했다. 레오나르도는 이곳에서 조용히 사색에 잠기며 수기를 정리하거나 운하 설계와 궁정 설계 등을 지휘하면서 충실한 생활을 하였다.

프랑수아 1세는 레오나르도가 이탈리아에서 애지중지하며 가져온 <모나리자> 그림을 가끔 보러 왔다.

그는 그 그림을 사고 싶어 했다.

그러나 레오나르도도 <모나리자>만큼은 절대로 팔 수 없다고 프랑수아 1세에게 간곡하게 말했다.

클루성에 머물러 있는 동안 레오나르도의 몸은 점점 쇠약해졌다.

"아! 나는 도대체 무엇을 이루었단 말인가!"

　레오나르도는 가끔 지난날을 돌아보며 한숨과 후회 섞인 말을 제자 메르치에게 하곤 했다.

　"선생님, 그게 무슨 말씀입니까? 선생님은 이 세상에 아무도 할 수 없는 일을 혼자 다 하셨습니다. 선생님은 한 사람 몫을 하신 것이 아니라 열 사람, 아니 백 사람이 합쳐도 해 낼 수 없는 일을 해 오신 겁니다."

　레오나르도는 예순다섯 밖에 안 되었지만, 몸과 정신은 백 살이 된 노인처럼 피로해져 있었다.

　결국 레오나르도는 몸져눕게 되었다.

　그는 여러 달 동안 병석에 누워 있으면서 자기 죽음이 가까워지고 있다는 사실을 알고 있었다.

　어느 날, 레오나르도는 자리에서 일어나자마자 제자 메르치를 불렀다.

　"메르치야, 그리스도교를 자세히 알고 싶구나. 교리책을 가져오도록 하여라."

메르치는 두꺼운 가죽으로 만든 성경과 그 밖의 신학 서적들을 스승의 머리맡에 가지런히 놓아 드렸다.

그날부터 레오나르도는 밤늦게까지, 혹은 새벽에 일어나 혼자 불을 켜고 성경을 읽었다. 옆에서 간호하던 제자의 눈에도 스승이 너무나도 성심성의껏 하느님의 말씀을 배우고 있는 것이 역력했다.

스승은 새벽에 혼자 깨어나 창틈으로 별빛이 스며드는 하늘을 바라보며 한없이 앉아 있기도 했다.

그럴 때, 스승의 모습은 깊은 슬픔 속에서 고해 성사를 하는 늙은 성자의 모습과 같았다. 그것은 성스러운 모습이었다. 메르치는 눈물을 흘리며 소리 없이 울었다.

병석에 완전히 드러눕게 된 레오나르도는 하인들이나 제자의 부축을 받아야만 일어날 수 있을 정도로 쇠약해졌다.

그는 제자 메르치의 부축을 받으며 지팡이에 의지한 채 마당에 나와 앉았다.

때는 1519년 봄이었다.

성 밖으로 내려다보이는 푸른 들판에는 종달새들이 날아다니고 포도밭을 가꾸는 농부들의 일손이 분주하게 움직였다.

레오나르도는 소생하는 대자연 생명의 맥박 소리를 듣고 있었다.

레오나르도는 메르치에게 나직하게 말했다.

"나는 어젯밤에도 내 방문 앞에 서서 울고 있는 너를 보았다. 메르치야, 너는 내가 이 세상을 떠나는 것이 그렇게 슬프냐?"

메르치의 눈에는 눈물이 다시 가득 고였다.

"선생님, 저의 가슴은 매일 찢어지는 듯합니다. 저는 선생님이 안 계시면 어떻게 살아야 할지 자신이 없습니다."

"사람은 이 세상에 태어났다가 언젠가는 가는 법이란다. 저 들판의 종달새를 보거라. 저 새들이 어디에서 태어나 어디에서 죽는 것일까 생각해 본 일이 있느냐? 새는 우리들 인간의 눈에 자신이 어디서 태어나서 언제 죽는지 보여 주지를 않지. 저들은 우리에게 즐거움만 주고 있을 뿐이지. 나는 새들이 죽는다고는 생각할 수가 없다. 저들은 어제도 와서 노래 부르고 오늘도 또 와서 들판을 날아다니고 있지 않느냐? 너나 나나 저 새들과 같다고 생각하거라. 나는 머

지않아 죽겠지만 너는 남아서 열심히 그림을
그리도록 하여라. 그림을 그리는 일은 저 새들
이 노래하는 것과 똑같은 일이니라.”

메르치는 스승이 잡아주는 따스한 손길이
가슴으로 포근하게 전해짐을 느꼈다.

그 이튿날 레오나르도는 아침 일찍 일어나
메르치에게 심부름을 보냈다.

“이 편지를 프랑수아 1세에게 전하여라.”

오후가 되자 궁전에서 사람이 왔다.

레오나르도는 그 사람이 보는 앞에서 유언
장을 만들었다.

그 유언장에는 다음과 같은 구절이 적혀
있었다.

‘내가 죽은 후 나의 모든 스케치와 완성
된 작품들, 그리고 내가 남긴 수기와 <모
나리자> 그림을 언제나 내 곁에서 나를 섬
겼던 제자 메르치에게 준다.’

레오나르도는 자기 죽음이 임박한 것을

알고 궁정의 법률관이 보는 앞에서 자기의 모든 재산을 메르치에게 상속한 것이다.

그다음 날, 레오나르도는 메르치의 부축을 받으며 병상에서 일어났다. 그는 마지막 있는 힘을 다해 방 안을 깨끗이 정돈하고 침구와 옷가지를 단정하게 접어놓았다.

그때 늘 그를 사랑하던 프랑수아 1세가 찾아왔다.

그는 침대에서 일어나 프랑수아 1세 앞에서 마지막 고해를 했다.

"저는 많은 예술 작품을 미완성으로 남겼고, 신을 거역했으며 세상 사람들에게 도움을 주지 못했음을 폐하께 사죄합니다."

프랑스 왕 프랑수아 1세는 일어서서 레오나르도의 머리를 두 팔로 쓰다듬으며 어루만져 주었다.

"그대는 이 세계에서 가장 위대한 예술가였다. 그대는 신을 배반하지도 않았으며, 세상 사람들에게 해를 입히지도 않았노라. 오! 위대한 예술가, 레오나르도여! 나는 그대를 진정으로 사랑하고, 그대를 영원히 가슴속에 간직하노라."

레오나르도는 왕의 축복을 받으며 왕의 팔에 안겨 최후

다 빈치가 쓰고 스케치한 책들

의 숨을 거두었다.

1519년 5월 2일, 레오나르도 나이 예순일곱 살이었다.

레오나르도를 아는 사람은 누구나 할 것 없이, 그의 죽음을 전해 듣고 슬픔에 잠겼다.

대예술가이자 대발명가이며 과학자인 레오나르도는 프랑스의 앙부아즈에 있는 성 프레랑탕 교회에 편안히 묻혔다.

레오나르도 다 빈치의 생애

1452년 이탈리아에서 태어난 레오나르도 다 빈치는 열네 살 때 베로키오의 공방에서 그림을 배웠으며, 밀라노에서 이르 모로 공작의 군사 기술자로 있으면서 각종 무기와 요새를 설계했다. 마흔세 살 때 그의 대표작이라 할 수 있는 <최후의 만찬>을 그리기 시작했으며, 그는 미술 분야뿐만 아니라 건축, 토목, 수학, 천문학 분야에서도 다양한 업적을 남겼다.

레오나르도 다 빈치
(Leonardo da Vinci 1452~1519)

1452년
4월 15일 이탈리아 피렌체 부근의 빈치 마을에서 태어났다. 사생아로 태어나면서 가정적으로는 불우하였다. 어려서부터 수학, 음악, 회화 등에 특이한 재능을 나타냈고 자연에 대하여 깊은 관심을 가지고 있었다.

1466년
피렌체로 이사했다. 얼마 후, 조각가 겸 화가로 유명했던 베로키오의 공방에서 그림 공부를 하게 되었는데 원근법, 해부학 등을 배우게 된다. 이 무렵의 작품으로는 <수태고지>가 있고 미완성의 <성 히에로니무스>가 있는데 이 작품들은 모두 사실주의적 경향을 나타내고 있다.

1482년
밀라노에 가서 스포르차가의 군사 기술자로 있으면서 대포 등 각종 병기와 요새를 설계했다. 또한 시체를 해부하여 생리학을 연구하고, 조류의 비상을 관찰하여 비행의 원리를 발견하는 등 다방면에 걸친 활동을 하였다. 예술 활동으로는 1495년에는 <최후의 만찬>을 그리기 시작하여 3년 후에 완성하였다. 다 빈치의 이 밀라노 시대는 그의 고전 예술의 완성기로 단순한 사실주의 작품 이상의 정신적 내용을 표현하는 데 성공한 시기이기도 하다.

1499년
프랑스 루이 12세의 밀라노 침입 후 피렌체로 귀환하였다.
1503년에는 <앙기아리의 싸움> 벽화를 그리다가 포기하고 <모

나리자>를 그리기 시작했다.

1506년
프랑스 군 총독에게 초청되어 피렌체에서 다시 밀라노로 가서 활
동했다. 그 후 로마로 가서 메디치가 출신의 교황 레오 10세를 섬
기게 되며 예술, 과학 분야에 다각적인 업적을 남겼다.

1516년
프랑스 왕 프랑수아 1세의 초청으로 알프스의 앙부아즈 츨루성
에서 죽을 때까지 생활하였다.

1519년
유언장을 작성하고 츨루성에서 숨을 거두었다.